Das Buch

Mediale Menschen, die „Botschaften aus dem Jenseits" übermitteln, gibt es nicht wenige. Doch wie können wir entscheiden, was echt und wahr ist – und was Fantasie, Wunschvorstellung oder ausgedachtes Drama?

Gordon Smith warnt in seinem Buch vor Irrwegen und fordert uns auf, als Erstes unseren rastlosen eigenen Geist kennenzulernen, ihn still werden zu lassen – und erst dann „auf Empfang" zu gehen. Erst dann sind wir offen für authentische Botschaften und heilende Energien.

Auf Basis seiner über 30-jährigen Praxis zeigt Smith, wie wir mit der „Anderen Welt" kommunizieren, die Aura – den erweiterten Lichtkörper des Menschen – wahrnehmen und unsere medialen Fähigkeiten entfalten und vertiefen können. Nicht nur für unser eigenes Wohl, sondern zum Wohle aller, des Lebens, der Liebe.

Der Autor

Gordon Smith, geb. 1962 in Glasgow, Schottland, gilt in Großbritannien als das derzeit fähigste und treffsicherste Medium. Nach Jahren des Studiums arbeitet er seit über 30 Jahren medial. Er gibt öffentliche Demonstrationen seines Könnens, schreibt Bücher, organisiert Workshops und hat in seiner Arbeit rund um den Globus zahllose Menschen in ihrer geistigen Entwicklung inspiriert. Smith beeindruckt durch seine Natürlichkeit und Klarheit und plädiert für eine offene Zusammenarbeit von Wissenschaft und Spiritualität.

Gordon Smith

Das Medium in dir und wie du es erweckst

Übersetzt von Johanna Ellsworth

Reichel Verlag

MEDIUMSHIP MADE EASY

www.reichel-verlag.de

Umschlaggestaltung: Christian Wolf
Motiv © Mopic - Fotolia.com

ISBN 978-3-946959-53-3

Dieses Buch ist allen großen medial Begabten und Sehern der Vergangenheit gewidmet.

Und allen, die ich persönlich kenne: Jean Primrose, Albert Best und Mary Duffy, um nur ein paar zu nennen.

Mein Rat an alle, die in ihre Fußstapfen treten, ist: Trage die Fackel immer mit Stolz und Aufrichtigkeit.

Inhalt

Liste der Übungen

Einleitung

Die mediale Arbeit ist Teil meines Lebens seit ich denken kann. Schon als kleines Kind war ich recht feinfühlig. So sehr, dass ich die Trauer oder den Schmerz anderer spüren konnte und ihre Freude und Glücksgefühle mich genauso beglückten wie sie. Wie ich heute leicht erkennen kann, war ich von Geburt an intuitiv und wurde oft von der Atmosphäre um mich herum beeinflusst.

Die Aufgabe eines Mediums ist es, zwischen dem irdischen Leben und dem Leben im Jenseits oder der feinstofflichen Welt zu vermitteln. Jedes Medium ist intuitiv oder übersinnlich veranlagt, doch nicht jeder medial begabte Mensch ist auch ein Medium. Im Rückblick erkenne ich deutlich, dass mein sensibles Wesen als Kind schon Teil der Entwicklung war, die zur medialen Gabe führte. Mein inneres Medium habe ich kurz vor meinem siebten Geburtstag zum ersten Mal erlebt.

Noch heute zählt dieses Erlebnis zu meinen klarsten Kindheitserinnerungen. Ich spielte damals gerade allein in unserem kleinen Vorgarten, als ich einen Mann auf der Straße sah, der auf unser Haus zukam. Er kam mir irgendwie bekannt vor. Als er näher kam, erkannte ich ihn: Er war ein Freund meiner Eltern und hatte den ungewöhnlichen Spitznamen Ummy. Ummy besuchte uns öfter, und jedes Mal brachte er uns Kindern etwas mit oder schenkte uns etwas Kleingeld, meist, wenn er beim Pferderennen gewonnen hatte. Die Rennbahn war ein wichtiger Teil seines Lebens.

Ich weiß noch, dass ich mich freute, ihn zu sehen, und dass ich auf ihn zulaufen wollte. Doch es war, als hätten meine Füße Wurzeln geschlagen. Auch erinnere ich mich daran, dass ich in einer Art Blase oder dünnen Haut steckte, die sich sicher und wie ein Traum anfühlte. Sie vibrierte auch auf eine angenehme Weise.

Wie immer lächelte Ummy mich an, und seine strahlenden Augen wirkten lebendig. Er sang leise eine Melodie, die ich noch nie zuvor gehört hatte: „Wir werden in Dalbeth begraben sein." Ich hatte zwar keine Ahnung, was das bedeuten sollte, aber sein fröhlicher Gesang wirkte ansteckend, und so sang ich mit.

Ich weiß nicht, wie lange er so vor mir stand, doch als er sich mit gleichmäßigen Schritten wieder in die Richtung entfernte, aus der er gekommen war, spürte ich, dass die Blase, in der ich steckte, geplatzt war. Instinktiv rannte ich ins Haus.

In der Küche stand meine Mutter vor der Spüle und schälte Kartoffeln.

„Mami, Ummy war da, Ummy war da!", sprudelte es aufgeregt aus mir heraus.

Meine Mutter ließ Kartoffel und Messer fallen. Während ich das Liedchen „Wir werden in Dalbeth begraben sein" sang, weiteten sich ihre Augen vor Schreck.

Gleich darauf bekam ich eine Ohrfeige und wurde angebrüllt. Ich hatte keine Ahnung, warum die gute Nachricht meine Mutter so erschreckt hatte und wütend machte.

Wie meine Mutter mir erst Jahre später sagte, hatten meine Worte und das Lied sie so schockiert, dass sie völlig ausgerastet war. Ummy war damals schon bei einem Unfall gestorben, doch meine Eltern hatten es nicht für nötig gehalten, uns Kindern das zu sagen. Auch hatten sie für seine Beerdigung aufkommen müssen und hatten so wenig Geld, dass er in einem Armengrab in einer Ecke des Dalbeth-Friedhofs außerhalb von Glasgow begraben wurde. Meine Eltern hatten beide ihren Stolz und hatten es niemandem gesagt, da sie sich dafür schämten, sich kein anständiges Grab für ihren guten Freund leisten zu können.

Ich werde oft gefragt, ob ich als Kind Angst bekam, wenn sich Geistwesen aus dem Jenseits mir zeigten. Ich habe mich jedoch nie vor ihnen gefürchtet. Die Reaktionen meiner Umwelt machten mir viel mehr zu schaffen als irgendwelche Geistwesen.

Auch wenn ich mit übersinnlichen Fähigkeiten geboren wurde, musste ich erst noch lernen, wie ich meine Gabe verfeinern und perfektionieren konnte. Ich musste herausfinden, wie sie wirkt, warum ich sie habe und wofür sie da ist.

Wenn ich mir heute die Kombination von Feinfühligkeit und die Arbeit als Medium ansehe, weiß ich, wie meine Gabe funktioniert und wie ich sie vereinfachen und zerlegen kann, um sie anderen Menschen, die ihre eigenen Fähigkeiten entwickeln wollen, besser erklären zu können.

Die meisten medial Begabten, die ich auf meinen Reisen kennenlerne, sind irgendwann auf ihrem Weg einem Lehrmeister begegnet – jemandem, der ihnen half, ihre spirituellen Fähigkeiten anzunehmen, und der ihnen zeigte, wie sie sie am besten anwenden können. Ich hatte das große Glück, schon mit Anfang zwanzig meiner Lehrmeisterin zu begegnen. Damals waren meine medialen und sensitiven Fähigkeiten durch den Tod eines Freundes wiedererweckt worden. Er war mir genauso real erschienen wie Ummy bei dem Erlebnis in meiner Kindheit. Durch diese Erfahrung lernte ich Jean Primrose kennen. Sie war eine tolle spirituelle Lehrmeisterin, die mich unter ihre Fittiche nahm und mir die einfachen Werte und den Moralkodex vermittelte, die ich brauchte, um meine Gabe zum Nutzen anderer auf der ganzen Welt anzuwenden.

Das Großartige an Mrs. Primrose war, dass sie ihren Schülern die Grundlage für ihre Weiterentwicklung gab. Ihre Lehren waren schlicht und klar, und alle im Unterricht mussten zuerst an sich arbeiten, bevor sie ihre Gedanken auf die feinstoffliche Welt ausdehnen durften. Sie wollte, dass uns allen klar wurde, wie viel von dem, was in unserem Kopf vorging, von uns selbst kam, und dass wir durch die richtigen geistigen Übungen lernen würden, zwischen unseren eigenen Gedanken und Fantasien und den Eindrücken, die die uns umgebenden Geistwesen uns schickten, zu unterscheiden.

Es dauert eine ganze Weile, bis man sich genügend weiterentwickelt hat, um sein sensitives Bewusstsein oder inneres Medium anwenden zu können. Der Grund dafür ist, dass man erst lernen muss, die Verantwortung für alles, was man Hilfesuchenden sagt, zu übernehmen. Damals dachte ich, da ich schon in sehr jungen Jahren übersinnliche Erfahrungen gesammelt hatte, würde ich dieses ganze Zeug sehr schnell lernen, vor allem, weil ich jetzt eine Lehrmeisterin wie Mrs. Primrose hatte. Doch ich irrte mich gewaltig.

Mrs. Primrose brachte mir als Erstes bei, den menschlichen Geist während der Meditation verstummen zu lassen. Sie ließ neue Schüler wie mich erst mal eine Weile meditieren, und nachdem sie mich aus diesem Ruhezustand herausgeholt hatte, forderte sie mich auf zu beschreiben, was mir gerade durch den Kopf ging. Dann schilderte ich es immer in allen Einzelheiten und war überrascht, wenn sie meine ausschweifenden Gedanken mit einem Nicken abtat. Natürlich hielt ich meine Gedanken für brillant. Und ich war gezwungen zu überlegen, was während meiner Meditationen in meinem Kopf passierte.

Eines Abends nahm Mrs. Primrose mich beiseite und bat mich, beim nächsten Mal die Augen offen zu lassen. Ich sollte nur die anderen Schüler beobachten und versuchen, nicht über sie oder das, was in ihnen vorging, nachzudenken.

Da ich immer tat, was Mrs. Primrose mir auftrug, saß ich in der folgenden Woche nur still da und beobachtete die anderen Schüler. Nach einer Weile fing ich an, mir Gedanken darüber zu machen, was in ihren Köpfen vor sich ging, doch dann fiel mir wieder ein, dass ich sie ja bloß beobachten und nicht bewerten oder beurteilen sollte. Anfangs fiel mir das gar nicht so leicht, doch dann kam ich allmählich zur Ruhe und hing nicht mehr meinen eigenen Gedanken nach. Ich glaube, das war das erste Mal, dass ich die Trennung zwischen meinem Bewusstsein und meinen Gedanken vollzog.

Wie ich bald merkte, trieben meine Gedanken nur wie Blätter auf einem Fluss durch mein Bewusstsein. Wenn ich sie nicht weiter beachtete, flossen sie an mir vorbei. Mir wurde allmählich klar, dass ich dies in meine Meditation einbringen müsste, während ich mit geschlossenen Augen dasaß.

Sobald mir das bewusst geworden war, schaute meine Lehrmeisterin mich an und nickte. Es war das Ende der Sitzung, und die Teilnehmer wurden wieder aus ihrer Meditation herausgeholt. Ich konnte es kaum erwarten, Mrs. Primrose von meiner tollen Erkenntnis zu berichten.

Mittlerweile war ich schon ein Jahr in ihrem Kurs, und die ganze Zeit über hatte sie sich den Unsinn angehört, den ich am Ende meiner Meditation fabriziert hatte, ohne je ein Wort darüber zu verlieren. Nun begriff ich, dass sie die ganze Zeit über meine Fortschritte begleitet und instinktiv erkannt hatte, wo ich in meiner Entwicklung gerade stand.

Wie aufregend war es damals, von einer so erfahrenen Lehrmeisterin durch die Gänge meines Geistes geführt zu werden und dabei die Psyche und die feinstoffliche Welt kennenzulernen! Es war erstaunlich, vor allem, da ich vorher mit niemandem über meine Gabe oder Gedanken über das Leben nach dem Tod hatte sprechen können. Ich war immer davon ausgegangen, von den anderen ausgelacht oder für verrückt erklärt zu werden. Es war mir nie in den Sinn gekommen, dass das, was manche für irre halten, von anderen als einzigartig angesehen wird.

Ich bin Mrs. Primrose sehr dankbar dafür, dass sie mir beigebracht hat, in meiner Arbeit und meinem Wissen über spirituelle Techniken geerdet zu bleiben. Ohne ihre bodenständigen Lehren und Führung wäre ich nie so weit gekommen, wie ich heute bin. Die Grundlage, die sie mir mitgegeben hat, ermöglicht es mir heute, auf der ganzen Welt zu unterrichten und vor Tausenden von Menschen meine Gabe anzuwenden, mein Wissen über das Wesen von Medien und die feinstoffliche Welt beständig zu erweitern und erstaunliche neue Erkenntnisse darüber zu gewinnen. Diese Grundlage gibt mir auch das Selbstvertrauen, zuzulassen, dass parapsychologische Forscher der Universität von Glasgow meine Fähigkeiten testen und wissenschaftliche Berichte über ihre Erkenntnisse schreiben.

Der Schwerpunkt meiner Arbeit liegt heute darin, die Tätigkeit als Medium zu lehren, da so viele Menschen ganz bewusst mediale oder intuitive Erfahrungen machen und nach Erklärungen dafür suchen. Auch möchten sie diese Fähigkeiten auf der höchstmöglichen Ebene entwickeln. Jeder, der eine sensitive Gabe hat, verdient die Chance, von einem erfahrenen Lehrmeister sanft durch den Irrgarten des menschlichen Verstands geführt zu werden. Und wenn man einen Plan hat, wie man seine Begabung entwickeln kann, wird der Weg dorthin umso klarer und geradliniger.

Vor ein paar Jahren wurde ich gebeten, meine Lehren auch in Deutschland anzubieten, wo viele Schüler an einem leicht verständlichen Kurs zur Entwicklung ihres inneren Mediums interessiert waren, der als Raster für zukünftige Kurse dienen könnte. Ich hielt das für eine Superidee, und deswegen stellte ich den Kurs zur spirituellen Weiterentwicklung zusammen, den ich nun in diesem Buch mit dir teile.

Ich möchte die Gelegenheit wahrnehmen, falsche Vorstellungen über die Arbeit als Medium zu berichtigen und den Entwicklungsprozess zu vereinfachen. Doch noch wichtiger ist mir, dir klarzumachen, dass es mehr als richtig ist, deine sensitiven Gaben auszuloten und sie für andere Menschen zu nutzen. Schließlich ist etwas nur dann eine Gabe, wenn man es mit anderen teilen kann.

Und du sollst wissen, dass du als Medium die Verantwortung für das, was du anderen gibst, trägst. Ich kenne viele Leute, die sich Medium oder Hellseher nennen und andere durch ihre Arbeit verunsichern. Es gibt sogar Individuen, die Menschen mit ungefilterten Bemerkungen über ihre Zukunft oder persönlichen Angelegenheiten regelrecht Angst einjagen.

Die Arbeit in der Öffentlichkeit, vor allem, wenn man als Hoffnungsträger oder Heiler angesehen wird, bringt enorme Verantwortung mit sich. Du solltest daher den Prozess der medialen Arbeit genau kennen, bevor du sie bei anderen anwendest. Das bedeutet, dass du mental und psychisch stabil und ausgeglichen sein musst. Aus diesem Grund wollen wir uns zuerst die Höhen und Tiefen des menschlichen Geistes näher ansehen.

Kapitel 1
Die Höhen und Tiefen

Vor Beginn des medialen Trainings untersuche ich den menschlichen Geist und wie er auf die Arbeit mit der feinstofflichen Welt vorbereitet werden kann. Diese Informationen gebe ich meinen Schülern immer zu Anfang eines neuen Kurses und teile sie nun mit dir, damit du deinen Geist besser begreifst und verstehst, wie er von der feinstofflichen Welt und von deinen eigenen Gefühlen beeinflusst werden kann.

Der Anfang

Ich schlage vor, dass du dir vor Beginn deiner spirituellen Entwicklung einen guten Lehrmeister oder einen medialen Zirkel suchst, in dem du dich wohlfühlst und es dir leicht fällt, dich den anderen anzuvertrauen. Eine Gruppe hat etwas, was ich schon immer als hilfreich für meine spirituelle Arbeit empfunden habe. Ich kenne viele medial Begabte, die nicht gemeinsam „im Kreis sitzen", wie es heißt, und mehrere, die das noch nie versucht haben. Häufig argumentieren sie damit, dass man seine spirituellen Fähigkeiten nicht gemeinsam mit anderen, also „im Kreis" entwickeln muss und dass die Gabe, wenn sie echt ist, sich ganz von alleine weiterentwickelt.

Bis zu einem gewissen Maß bin ich ihrer Meinung, dass ein echtes Medium wahrscheinlich eine Möglichkeit findet, seine besonderen Fähigkeiten im Leben zu nutzen, aber ich muss auch sagen, dass es mein Zirkel war, der mich wirklich geprägt und gelehrt hat, großen Respekt vor der feinstofflichen Welt und der Art und Weise zu haben, wie ihre Wesen uns liebevoll führen, wann immer wir sie brauchen. Wie ich meinen neuen Schülern immer sage, geht es bei der spirituellen Entwicklung darum, aus sich einen besseren Menschen zu machen, durch den der Geist channeln kann. Das ist mit mir geschehen und es geschieht mit so vielen anderen, die ich kenne und die in einer Gruppe damit angefangen haben. Es gibt zahlreiche spirituelle Kirchen und andere Organisationen, die die Möglichkeit bieten, sich in einem Kreis weiterzuentwickeln, und in deiner Gegend findet sich bestimmt auch eine.

Das soll nicht heißen, dass du dich nicht auch alleine weiterentwickeln kannst. Doch in diesem Fall solltest du spezielle Praktiken anwenden, so als würdest du an einem Entwicklungskurs teilnehmen. Wie auch immer du damit anfängst – versuche, deine Entwicklung so ernsthaft wie nur möglich anzugehen. (Mehr über Zirkel und Meditation zuhause findest du in Kapitel 6.)

Der Prozess an sich ist derselbe, egal ob du allein oder in einer Gruppe bist: Du beginnst deine mediale Entwicklung, indem du still dasitzt und versuchst, einen meditativen Zustand zu erreichen. Es ist hilfreich, sich dafür einen bequemen und friedlichen Ort auszusuchen. Wenn du zu Hause bist, solltest du einen Raum wählen, in dem du dich wohlfühlst. Versuche, immer zur gleichen Zeit anzufangen und den Raum dafür auszustatten. Manche Leute zünden eine Kerze oder ein Räucherstäbchen an. Was auch immer du tust – es geht darum, deinen Geist in eine spirituellere Richtung zu lenken, bevor du mit der Praktik anfängst. Und das bedeutet, den Kopf zu leeren.

Den Kopf leeren

Heute blicke ich zurück auf das, was Mrs. Primrose mir über das Zuhören und Beobachten ohne Gedanken oder Beurteilungen beigebracht hat, und verstehe den wahren Wert dieser Fähigkeit. Das Problem, das die meisten Schüler am Anfang haben, ist, dass sie glauben, mehr Botschaften aus der feinstofflichen Welt zu empfangen, als sie tatsächlich erhalten. Sie gehen davon aus, dass jeder Gedanke, der ihnen durch den Kopf geht, wenn sie mit verschlossenen Augen dasitzen, von einer anderen Quelle als ihrem eigenen denkenden Geist kommen würde.

Wie meine Lehrmeisterin es tat, höre auch ich jedem Schüler zu und versuche aus ihrer Stimmlage herauszuhören, von wo aus sie wirklich zu mir sprechen. Ich habe gelernt, wie wichtig es ist, auf alles, was sie mir sagen, zu achten – selbst wenn ich weiß, dass das, was sie sagen, mit der feinstofflichen Welt und ihrer spirituellen Entwicklung nichts zu tun hat. Ein guter Lehrmeister sollte seine Schüler immer beobachten und ihnen aufmerksam zuhören.

In diesem frühen Stadium erhalten die meisten Menschen einen winzigen Anteil an medialen Mitteilungen durch den Geist und einen hohen Prozentsatz an eigenen Gedanken und Fantasien, je nach Gefühlszustand vor Beginn der Übung. Wenn dir von alltäglichen Dingen der Kopf schwirrt, während du zu meditieren anfängst, und du diese Gedanken nicht abschalten kannst, wird sich mit großer Wahrscheinlichkeit die Sitzung auf diese Dinge konzentrieren, und dann kannst du nicht wirklich meditieren und schon gar nicht Botschaften aus der feinstofflichen Welt empfangen.

Deshalb ist es in der Anfangszeit ratsam, den Alltag, aus dem du gerade kommst, erst einmal in Gedanken abklingen zu lassen, bevor du mit dem Meditieren beginnst. Es hilft auch, sich eine Weile mit anderen zu unterhalten, um einfach alles loszulassen, was womöglich im vorderen Bereich deines oberen Verstands festsitzt. Das ist der Teil deines Verstands, den du tagsüber normalerweise nutzt. Wenn du zehn oder zwanzig Minuten vor Meditationsbeginn ankommst, gibt dir das die Zeit, Dampf abzulassen, vielleicht auch mit anderen über deinen Alltag zu reden, während du dich bei der Vorstellung entspannst, um aus der Alltagssituation in die Meditation überzugehen. Nimm den Alltag nicht mit an den stillen Ort deines meditativen Geistes, wenn du es irgendwie verhindern kannst.

Eine der besten Übungen vor Beginn meines wöchentlichen Entwicklungskurses war, nach der Arbeit ganz bewusst hinzulaufen, statt mit dem Bus zu fahren. Beim frühabendlichen Spaziergang vom Norden in den Westen von Glasgow wurde mein Kopf klar und ermöglichte es mir, viele wirre Gedanken, die sich tagsüber angesammelt hatten, loszulassen. Ich bin überzeugt, dieser Spaziergang war meine erste echte Achtsamkeitserfahrung: Ich ging nur und beobachtete, ohne irgendwas zu bewerten oder zu beurteilen. Als ich die Kirche erreicht hatte, war mein Kopf schon fast leer.

Auch die Einstellung, dass dein Entwicklungskurs auf einer anderen Ebene als der des Alltags stattfindet, hilft. Schon allein die Vorstellung, dass du an einen besonderen Ort gehst, kann deinen Geist in eine höhere Schwingung versetzen, noch bevor du im Zirkel Platz nimmst. Wenn du das schaffst, versetzt du dich gleich in den richtigen geistigen Zustand, den du zur Weiterentwicklung brauchst.

Bei jeder Form der medialen Verbindung geht es darum, dein Bewusstsein auf eine höhere Ebene zu bringen. Da Geistwesen Teil des Göttlichen sind, existieren sie in diesem höheren Zustand.

Die Überwindung der Angst

Wie mir viele Schüler berichten, empfangen sie zwar erstaunliche Botschaften aus der feinstofflichen Welt, aber sie haben Angst vor den Geistwesen, die diese Nachrichten übermitteln. Oder es gefällt ihnen zwar, Teil einer Entwicklungsgruppe zu sein, doch sie befürchten, in einen ‚komischen Trancezustand' versetzt zu werden, aus dem sie nie mehr aufwachen. Oder sie sind sich nicht sicher, ob die Geistwesen gut oder böse sind, um nur ein paar der Ängste zu nennen.

Aufgrund von Befürchtungen wie diesen habe ich eine Methode entwickelt, mit der Menschen geholfen werden kann, ihre Angst vor Geistwesen und medialer Entwicklung zu überwinden und ihnen zu zeigen, dass sie vor nichts – außer ihren eigenen Ängsten – Angst zu haben brauchen.

Das folgende Diagramm zeigt, wie leicht es ist zu erkennen, wie der menschliche Verstand funktioniert, wenn er von seinen eigenen Gefühlszuständen – den Höhen und den Tiefen, den positiven wie den negativen Emotionen – beeinflusst wird:

LIEBE

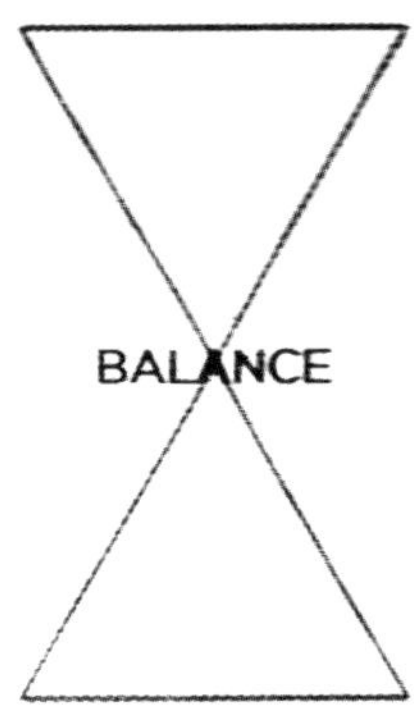

ANGST

Im Diagramm sieht man zwei Dreiecke, die übereinanderliegen. Das untere Dreieck steht für den unteren, menschlicheren Teil des Geistes und ist mit ‚Angst' beschriftet. Das soll dich daran erinnern, dass unsere tiefsten Gefühlszustände, in denen wir Depressionen, Wut und Eifersucht empfinden, aus der Angst heraus geboren werden. In diesem schwermütigen, verdichteten

Teil unseres Bewusstseins fühlen wir auch die allermenschlichsten Sehnsüchte, wie beispielsweise Lust, Gier und natürlich unser Ego. Es ist genau dieser Teil des menschlichen Geistes, den wir auf unserer medialen Reise hinter uns lassen wollen.

Der Begriff „Balance“ verläuft durch den Teil, an dem sich die Punkte der beiden Dreiecke berühren. Hier möchten wir während des Meditierens unser Bewusstsein wissen. Wenn wir diesen Bereich erreichen können, versetzen wir uns in den richtigen Zustand, in dem wir uns einer höheren Quelle öffnen können. Diese Quelle ist die feinstoffliche Welt; es sind unsere Geistführer und Lehrmeister, die über uns wachen und die mit uns kommunizieren und uns führen können, sobald unser Geist klar und im Gleichgewicht ist, so dass sie damit arbeiten können.

Es ist ganz wichtig zu lernen, dass Negativität etwas Menschliches ist, was mit der feinstofflichen Welt nichts zu tun hat. Je früher du das begreifst, umso schneller kannst du dich medial weiterentwickeln.

Stell dir jemanden vor, der zwar an die feinstoffliche Welt glaubt, doch dessen Bewusstsein ständig in die tieferen Bereiche des Geistes hinuntergezogen wird. Die feinstoffliche Welt, die dieser Mensch während des Meditierens erlebt, kann ziemlich dunkel erscheinen. Solche Leute sprechen häufig von ‚bösen‘ oder ‚dunklen‘ Geistwesen und ‚Orten, an denen der Geist hängenbleiben kann‘ und Ähnlichem. Diese Beschreibungen kommen jedoch nicht aus der feinstofflichen Welt, sondern aus ihnen selbst.

Meiner festen Überzeugung nach befindest du dich nicht am richtigen Ort, um das Medium in dir zu entwickeln, wenn dein Geist voller Angst und böser Vorahnungen ist. Du solltest nicht vergessen, dass ein Medium jemand ist, der anderen hilft, die Angst haben – und nicht jemand, der seine eigenen negativen Fantasien auf andere überträgt.

Es ist nicht schwer, dieses Verhalten bei einem neuen Schüler zu erkennen, und es ist ganz leicht, es aus den Dingen herauszuhören, die er beschreibt. Meines Erachtens steckt eine solche Person in dem unteren Teil ihres Geistes, also dem unteren Dreieck, in dem Angst die Kontrolle über ihre Gedanken hat.

Immer wenn ich Menschen begegne, die zwar übersinnliche Erlebnisse haben, doch deren Geist voller Ängste ist, rate ich ihnen, ihre Entwicklung in Entspannungsgruppen und sehr sanften Meditationskursen zu beginnen, wo sie keine medialen oder hellseherischen Übungen machen, sondern nur den Körper entspannen und den Geist ins Gleichgewicht bringen. Sobald sie den Geist auf eine hellere Ebene, weg von ihren eigenen Angstgedanken, versetzen können, werden sie bessere Fortschritte in der Selbsterfahrung und im Meditieren unter der Leitung eines erfahrenen Lehrmeisters machen.

Eine deutsche Teilnehmerin einer Gruppe, die ich vor einiger Zeit leitete, verlor während des Meditie-

rens regelmäßig die Fassung, weinte und zitterte vor Angst, als würde ihr etwas Schreckliches zustoßen. In Wahrheit saß sie nur in einer kleinen Gruppe anderer Schüler, schloss die Augen und versuchte ihre Gedanken verstummen zu lassen und ihren inneren Raum zu fühlen. Ihr innerer Raum war jedoch voller Angst und schlimmer Vorahnungen.

Das erlebte sie schon seit vielen Jahren und hielt sie nachts oft lange wach.

Sie erklärte mir, sie habe Angst, loszulassen, und auch die Vorstellung, die Kontrolle über ihre Gedanken abgeben zu müssen, mache ihr Angst. Das fand ich faszinierend, da sie ja eigentlich nur still dasitzen und Meditieren lernen sollte. Es ist hochinteressant, dass manche Menschen das Meditieren als etwas Mystisches statt Entspannung oder Sinnieren ansehen.

Doch ich musste mich um diese Teilnehmerin individuell kümmern, und das tat ich auch, weil es wichtig war, dass sie ihre Angst überwand. Sonst wäre sie in ihrer Entwicklung nie weitergekommen – und schon gar nicht im Leben.

Statt sie in die Meditationsgruppe zu setzen, leitete ich sie im Meditieren an. Ich schlug entspannende Bilder, Orte und Situationen vor und führte sie

Schritt für Schritt durch jeden Prozess. Es fiel ihr leicht, sich zu entspannen, und sie schien sich auf jeden meiner Vorschläge zu konzentrieren. Sie runzelte nur dann verwirrt die Stirn und fing an zu zucken, wenn ich kurz innehielt, damit sie meine Worte verarbeiten konnte.

Wie ich merkte, wollte die sympathische Frau nicht allein mit ihren Gedanken sein, solange diese nicht kontrolliert und gelenkt wurden. Sie war in ihrem eigenen inneren Raum und Geist unglücklich. Ich rätselte, was die Ursache dafür sein könnte.

So sprach ich ausführlich mit ihr und versuchte, sie zu ermutigen, mit mir zu reden. Ich erklärte ihr, dass wir das Problem beheben könnten, wenn sie die Ursache für ihre Angst finden würde, doch dazu war sie noch nicht bereit. Es dauerte ein halbes Jahr, bevor ich sie endlich dazu brachte, sich zu öffnen. Dann erzählte sie, dass man ihr als kleines Kind gesagt hatte, wenn sie böse war oder nicht einschlief, würden Gespenster und Dämonen in der Nacht kommen und sie holen.

Wie dämlich! Was dachten sich ihre Eltern nur? Wenn man ein Kind dazu bringen will einzuschlafen, wie kann man ihm dann Angst einjagen, bevor man es ins Bett bringt?

Es ist unglaublich, wie viele Leute unter ähnlichen Ängsten leiden. Die Teilnehmerin hatte auch noch andere Ängste, die aus ihrer Kindheit stammten. Wir sprachen auch darüber, und ich konnte ihr helfen, rationaler zu denken und sich innerlich in einen ausgewogeneren Zustand zu bringen.

Als sie merkte, dass sie die Kontrolle über ihre Gedanken hatte und nicht umgekehrt, gab ihr das die Kraft, ihre Denkweisen zu ändern und innerlich stabiler zu werden. Das nahm sie in die Meditation mit. Innerhalb eines Jahres meditierte sie ohne Angst und Tränen – und nicht nur das: Sie lernte nun, für ihre mediale Gabe und die Fähigkeit, andere zu heilen, wirklich offen zu werden. Seit sieben Jahren wendet sie beides mit großem Erfolg an.

Viele Teilnehmer kommen mit ähnlichen Problemen und Hindernissen in meine Gruppenkurse, ohne zu wissen, dass die meisten solcher Ängste uns nicht wirklich verletzen können, sondern uns nur eingeredet wurden. In Wirklichkeit hat die Intention desjenigen, der es gesagt hat, diese dauerhaften Narben auf der jungen Seele verursacht.

Hier ist eine Übung, die ich erfolgreich bei der Frau angewandt habe. Vielleicht möchtest du sie auch ausprobieren. Die erste wirkliche Herausforderung, der wir uns stellen müssen, wenn wir uns auf irgendeine Weise spirituell weiterentwickeln wollen, ist, uns mit unseren Ängsten und Emotionen auseinanderzusetzen.

Übung: Bringe den Geist ins Gleichgewicht

- Setze dich mit geradem Rücken auf einen Stuhl mit gerader Rückenlehne und stelle die Füße flach auf den Boden.
- Entspanne dich mit jedem tiefen Atemzug und lasse alle Anspannung beim Ausatmen los.
- Visualisiere mein Diagramm der beiden Dreiecke.
- Versuche, dir deiner Gedanken so bewusst zu sein, als würdest du sie aus der Ferne betrachten. Sind sie im unteren Dreieck des Diagramms, also schwer und negativ, oder im oberen Dreieck, also positiv und beschwingt?
- Atme einfach, wenn dein Geist schwer ist und dein Bewusstsein auf die Ebene trauriger oder negativer Erinnerungen herabsinkt, und denke daran, dass du dein Gleichgewicht finden willst.
- Wenn du im Gleichgewicht bist, merkst du es instinktiv, da nun kein Gedanke deinen Zustand der Zufriedenheit beeinträchtigen kann und alle Gedanken durch deinen Kopf strömen, ohne den Geist zu beeinflussen.
- Sobald du im Gleichgewicht bist, atme langsamer und verringere das Bedürfnis, „oben“ oder „unten“ zu den-

ken. Halte einfach nur das Gleichgewicht deines verstummten Geistes ohne das Bedürfnis, deinen Gedanken nachzuhängen.

***

Lerne deinen eigenen Geist kennen

Eine Frage, die neue Kursteilnehmer mich oft fragen, lautet: „Woher weiß ich, was wirklich aus der feinstofflichen Welt kommt und was nur aus meinem eigenen Geist und Kopf?“ Den Unterschied kannst du am besten erkennen, wenn du deinen Geist kennst. Das ist für alle, die sich auf den spirituellen Weg machen, ganz wichtig.

Sieh dir das Diagramm des Geistes (Seite 28) noch einmal an. Wir alle können uns durch die verschiedenen Ebenen hinauf- und hinunterbewegen. Die Lebensumstände können uns ganz nach oben katapultieren, wo wir Liebe, Freude und Glück finden. Ebenso leicht können sie uns in die Abgründe von Verzweiflung und Schmerz stürzen. Wenn du das Medium in dir wirklich entwickeln willst, musst du fähig sein, dich in die Mitte beider Dreiecke zu begeben, und aus dem vollkommenen Gleichgewicht heraus arbeiten, selbst wenn dein eigenes Leben dich in Höhen und Tiefen versetzt. Ich versuche immer, mich an einer Botschaft festzuhalten, die mir mein Geistführer einmal geschickt hat: „Wenn alles um dich herum in Bewegung ist, dann halte still und lenke alles um dich herum aus dieser Stille heraus.“

Beginne damit, die normale Ebene deines Denkens zu hinterfragen. Denkst du negativ über dich, deine Zukunftsaussichten oder dein Leben generell? Oder bist du immer voller Hoffnung und denkst positiv, auch wenn etwas dich herunterzieht? Kannst du das Leben, die Vergangenheit, Gegenwart und Zukunft immer mit Optimismus betrachten? Findest du einen Weg, alle Höhen und Tiefen des Lebens rational zu sehen, und reagierst du nur selten emotional auf gewisse Situationen? Bist du ausgeglichen?

Wie die meisten Menschen hielt ich mich für einen völlig ausgeglichenen Menschen, doch als ich mit meiner spirituellen Entwicklung begann, stellte ich fest, dass ich die Angewohnheit hatte, mich selbst kleinzumachen. Aus irgendeinem Grund konnte ich zwar die Bemühungen anderer toll finden, jedoch nie meine eigenen Anstrengungen. Und ich hatte die schlimme Angewohnheit, die Dinge in meinem Leben mit Zweifeln und Angst zu betrachten. Es fiel mir schwer, meine Zukunft positiv zu sehen, und ich verschwendete viel zu viel Zeit darauf, mir Sorgen über das Sterben und den Tod der Menschen, die mir nahestehen, zu machen.

Mich mit meiner Denkweise vertraut zu machen ermöglichte mir eine weitaus tiefere Einsicht in mein Inneres und meine Gefühle. Daher rate ich dir, dir die Zeit zu nehmen, auf diese Weise an dir zu arbeiten und in den ersten Sessions deiner Meditationspraktik darauf zu achten, was in deinem inneren Raum passiert, wenn du still dasitzt.

Was geschieht in diesen Sitzungen mit deinen Gedanken? Denkst du sofort daran, für einen anderen eine Botschaft zu erhalten? Glaubst du, du würdest nie eine höhere Ebene der Meditation erreichen? Wenn ja, solltest du untersuchen, warum du so darauf fixiert bist, dein Ziel nicht zu erreichen.

Deine Denkweise zu hinterfragen wird es dir möglich machen, dich auf eine angemessene und stetige, ausgewogene Weise weiterzuentwickeln. Es wird dir ermöglichen, Dinge zu hinterfragen, die in deiner Innenwelt stattfinden, und warum sie geschehen. Gedanken bilden sich nicht von alleine. Was steckt hinter ihnen – Ängste, Vorurteile, Gefühle?

Wenn du dich näher mit deinen eigenen Gedanken befasst, so zeigt das, dass du dein inneres Medium aus den richtigen Gründen und auf ausgewogene Weise entwickeln willst. Und wenn du es schaffst, in jeder Sitzung ruhig dazusitzen und nur deinen eigenen Geist kennenzulernen, statt auf sofortige Erfolge aus zu sein, bist du dazu bereit, dich weiterzuentwickeln.

Diesen geistigen Zustand der Ausgewogenheit und Zufriedenheit musst du bei jeder Meditation einnehmen. Es geht nicht darum, ihn einmal, sondern jedes Mal zu erreichen. Teil deiner meditativen Praktik ist es, den Geist ins Gleichgewicht zu bringen und dort zu halten, ganz egal welche Gefühle dich durchströmen. Sitze nur still da und halte das Gleichgewicht, auch wenn deine Fantasie Bilder oder Farben hervorbringt oder du innere Gespräche hörst. Lass dich nicht dazu hinreißen, irgendwelchen Eindrücken, Gedanken oder Gefühlen zu folgen, die dir womöglich kommen. Du musst ein Zuschauer werden – ein Kameramann und nicht der Protagonist des Films. Der Sinn und Zweck dieses Vorgangs ist, die Kontrolle über dein Bewusstsein zu behalten und dich nicht von deinen emotionalen Gedanken nach oben oder unten ziehen zu lassen. Vergiss nicht: Dein Bewusstsein ist der Strom und nicht das Blatt, das auf dem Wasser dahintreibt!

Von diesem Punkt des inneren Gleichgewichts aus bekommst du einen Überblick über deine Gedanken, Gefühle und Wünsche und kannst dein wahres Ich, das mediale Ich, das am Aufblühen ist, wirklich erkennen. Dann kannst du nicht nur auf dein altes Ich hinabschauen, sondern auch hinaufsehen und erkennen, was über dir liegt. Du kannst lernen, aufzusteigen und zuzulassen, dass die höheren Energien Einfluss auf deinen Geist nehmen.

Lerne, die Liebe hereinzulassen

Im oberen Teil unseres Geistes erleben wir die Höhen des Lebens, wie beispielsweise Freude, Glücksgefühle, Mitgefühl und natürlich Liebe. Auch wenn es schön wäre, kann keiner von uns sein ganzes Leben hier oben verbringen. Doch als medialer Schüler ist es dein Ziel, deine Gedanken auf einen Punkt anzuheben, an dem du zumindest das Positive anstatt das Negative sehen kannst. Du musst unbedingt Wege finden, wie du die Liebe in dein Leben hereinlässt!

Als ich mit dem Meditieren zur medialen Entwicklung begann, spürte ich, wie sämtliche Sorgen meiner eigenen Welt an mir zerrten, und die Angst war unterschwellig immer in meinen Gedanken. Schließlich war ich noch sehr jung und hatte eine Frau und zwei kleine Söhne, die ich versorgen musste. Jede Mutter und jeder Vater kennt die schwere Last der Verantwortung, die einen mitunter hinunterziehen kann.

Zwar wollte ich spirituell wachsen und wusste im Inneren meines Herzens, dass ich ein Medium war, doch das Leben war hart und bot nur wenige positive Ziele, nach denen es sich zu streben lohnte. Trotzdem folgte ich dem inneren Drängen und zwang mich, mich meinen Ängsten zu stellen und gegen die innere Stimme anzukämpfen, die flüsterte, dass das Leben einfach zu schwer sei. Zum Glück hatte ich schon immer eine Art geistigen Reflex, der auf natürliche Weise positive Antworten auf Probleme findet.

> *Ich erinnere mich noch an eine Begebenheit, während ich in einem Friseursalon arbeitete, in dem alle Kunden mehr emotionale Lasten als Haare loswerden mussten. Eines Tages schnitt ich einer Kundin, die Ende dreißig war, die Haare. Sie hatte ihren Mann und ihr Haus verloren und wohnte nun mit ihren zwei Söhnen, die schon Teenager waren, unter beengten Bedingungen im Haus von Freunden. Ihre Situation machte ihr sehr zu schaffen. Sie war in unseren Salon gekommen, um sich die Haare ohne*

Waschen schneiden zu lassen – der billigste Haarschnitt auf unserer Preisliste. Ich glaube, sie wollte nur mal mit Menschen zusammen sein, die sie von ihren Problemen ablenkten.

Es waren gerade keine anderen Kunden da, und so erzählte sie mir und den anderen Angestellten ihre Geschichte. Sie suchte wohl nicht wirklich nach einer Antwort, sondern wollte sich nur ihre Last von der Seele reden. Zwar fiel es mir schwer, einer Frau zuhören zu müssen, deren Zukunft so düster war und die scheinbar keinen Mut und keine Kraft zum Weiterleben mehr hatte, doch sie berührte etwas in mir und ich wusste, dass es eine Lösung für ihre Probleme gab. Diese Gewissheit rührte nicht etwa von meinem hellseherischen Talent, sondern von meiner Einstellung her, die sich durch meine Teilnahme an dem Entwicklungskurs allmählich änderte, wie mir heute klar ist.

Ich sagte ihr, dass sie ihr ganzes Leben als eine große Episode sah und dass sie immer gegen eine übermächtige Wand der Hoffnungslosigkeit rennen würde, wenn sie damit nicht aufhörte. Ich riet ihr, sich stattdessen anzusehen, was sie als Erstes brauchte, und das zu ihrem Ziel zu machen. Sobald sie das erreicht hätte – und wenn es auch nur ein kleiner erster Schritt war –, könnte sie diesen Erfolg feiern und den nächsten Schritt machen. Ihre Probleme wirkten so riesig, dass sie noch nicht einmal daran denken konnte, sie anzugehen. Daher schien es mir richtig, ihr zu raten, sie in einzelne Schritte zu unterteilen, um kleinere Erfolge zu erzielen, bis ihr Gefühl der Hoffnungslosigkeit durch die Gewissheit, etwas erreicht zu haben, ersetzt wurde.

Nach unserem Gespräch kam sie von Zeit zu Zeit auf eine Tasse Tee in den Friseursalon, unterhielt sich mit uns und berichtete von ihren Fortschritten. Durch eine Reihe von Ereignissen, die sich über ein halbes Jahr erstreckten, änderte sich ihr Leben zum Besseren. Zuerst schaffte sie es, für sich und ihre Jungen eine hübsche Sozialwohnung zugewiesen zu bekommen. Kurz darauf fand sie eine Teilzeitstelle und fand ihren Lebensmut wieder.

Ich freue mich, sagen zu können, dass die Frau eine gute Freundin von mir wurde und noch heute ist. Mittlerweile hat sie ein Studium abgeschlossen und berät heute Frauen, die das Gleiche durchmachen, was sie durchgemacht hat.

Meiner Meinung nach ist es genau das, was medial Begabte tun: Sie verwandeln Finsternis in Licht. Wie jeder weiß, besteht das Leben aus Höhen und Tiefen – ein Leben muss beides haben –, doch um sich spirituell weiterzuentwickeln, muss man einen Weg finden, wie man das Leben trotzdem meistern und ein gewisses Maß an Kontrolle darüber haben kann. Das gehört zur Aufgabe eines Mediums. Wenn sich also alles in einer Abwärtsspirale zu befinden scheint, dann schaue nach oben. Allein durch diese kleine Handlung kann sich die ganze Richtung ändern.

So wie das Wort „Gleichgewicht“ zwischen den Spitzen der beiden Dreiecke verläuft und zeigt, wo unser Bewusstsein sein muss, wenn wir mit der feinstofflichen Welt arbeiten, steht das Wort „Liebe“ über dem oberen Dreieck und zeigt an, womit wir arbeiten. Dieses Dreieck zeigt nach unten und die Seiten verlängern sich nach außen; sie illustrieren die Ausdehnung des oberen Teils des Geistes. Wenn du lernst, deine Gedanken anzuheben, bereitest du deinen Geist darauf vor, zu lieben und geliebt zu werden.

Meistens arbeitet das Medium in der Energie eines Menschen, der von den Dramen des Lebens sehr niedergeschlagen oder traurig oder gar daran zerbrochen ist. Für diese Arbeit braucht man viel geistige Kraft und eine äußerst positive Einstellung – ein Medium sollte immer nach oben schauen können, wenn der Empfänger seiner Gabe das nicht schafft.

Wenn du deinen Geist darauf trainierst, dich auf einer höheren Schwingung zu halten, dann kannst du gleichzeitig auch damit anfangen, dich selbst zu lieben. Es ist ganz wichtig, die Liebe in sich zu kennen, bevor man sie mit anderen teilt, da es bei der Arbeit eines Mediums im Grunde darum geht, Liebe zu teilen und die Bindungen der Liebe, die durch den irdischen Tod durchtrennt wurden, wieder zusammenzufügen.

Ich erwarte nicht etwa von dir, schon am Anfang deines Entwicklungsprozesses eine starke Verbindung zum Geist zu erreichen, aber ich erwarte von dir, es zu versuchen. Damit meine ich, dass du in einer Meditationsgruppe oder -praktik mit Herz und Seele dabei bist und lernst, den Alltag beiseitezuschieben und diesen heiligen Raum und die gesegnete Zeit zur Stärkung, Klärung und Ausgewogenheit deines Geistes zu nutzen. Bei jedem Versuch, das zu tun, ermöglichst du den Geistführern in deiner Nähe, auf einer höheren Ebene – einer Liebesebene – eine Bindung zu dir aufzubauen.

Wenn du merkst, dass du mit ausgewogenem Geist still dasitzen kannst und deine alten Ängste und Gewohnheitsgedanken unten lassen kannst, dann bist du so weit, den Weg der medialen Entwicklung ein Stück weiterzugehen.

Kapitel 2
In der Kraft sitzen

Es ist leicht zu glauben, meditieren würde nur bedeuten, sich hinzusetzen, die Augen zu schließen und sich zu entspannen. Für Anfänger, die noch ihren Geist kennenlernen müssen, ist das auch in Ordnung. Mit fortgeschrittener Entwicklung musst du jedoch das Wissen über deinen Körper, deinen Geist und deine Seele erhöhen. Du musst still in deinem Geist ruhen. Die folgende leichte Übung könnte eine der wichtigsten Übungen auf dem Weg zur Entwicklung des Mediums in dir sein.

Stelle deinen Geist ruhig

Wie ich schon erwähnt habe, fiel es mir am Anfang meiner eigenen Entwicklung schwer, das Denken beim Meditieren abzustellen. Im Gegenteil: Wie ich feststellte, verspürte ich den Drang, noch mehr zu denken, wenn ich mir vornahm, den Geist ruhigzustellen. So ergeht es den meisten Leuten, wenn sie anfangen, auf einer tieferen Ebene zu meditieren. Oder aber sie schlafen ein, weil ihr Gehirn zu müde ist, um eine längere mentale Übung durchzuhalten.

Die meisten Menschen stellen außerdem fest, dass sie sich körperlich unbehaglich fühlen, wenn sie eine halbe Stunde oder länger in derselben Stellung ausharren müssen. Der Grund dafür ist, dass sie sich ihrer selbst bewusster sind als im Alltag, in dem ihr Bewusstsein durch viele Dinge abgelenkt wird.

Im Alltag ist es normal, an so vieles zu denken, dass wir ganz vergessen, auf unseren Körper zu achten. Wir denken nie daran, zu gehen, zu sprechen oder zu atmen – all das tun wir automatisch. Doch am Anfang unserer Entwicklung müssen wir so bewusst wie möglich auf unseren Körper und unsere Gedanken achten. Wir müssen uns daran gewöhnen, wie es sich anfühlt, wenn sich unser Körper entspannt und wir einen friedvollen Zustand erreichen, ohne zu sehr daran zu denken, was als Nächstes passieren wird.

Sinn und Zweck ist es, den Körper vom Geist zu trennen, den Geist den Körper beobachten und kontrollieren zu lassen und ihn in einen Zustand zwischen Wachzustand und Schlaf zu versetzen. Diesen etwas veränderten geistigen Zustand zu erreichen ist das Ziel – und zu diesem Zeitpunkt das einzige.

Erst nach langer Zeit und zahlreichen Versuchen begriff ich diesen Prozess und erreichte den geistigen Zustand, in dem ich eine Ruhe in mir wahrnahm, die mit einem Gefühl der Geduld, Entspannung und Stille einherging – ein Zustand, in dem ich beobachten konnte, ohne darauf zu reagieren.

Versuche es mit dieser leichten Übung. Sie bedeutet echtes geistiges Training – Training, das den Geist auf das vorbereitet, was ihn erwartet.

Übung: Zufriedenheit im stillen Geist

Lies erst die Übung und führe sie dann Schritt für Schritt durch. Nimm dir für die ersten Versuche 10 bis 15 Minuten Zeit. Du kannst eine Zeitschaltuhr verwenden, bis dein Geist spürt, wie viel Zeit beim Meditieren vergeht.

Es ist hilfreich, an einem stillen Ort zu sitzen, an dem du nicht gestört wirst. Versuche, möglichst immer denselben Meditationsraum oder -ort zu benutzen; du wirst dich in derselben vertrauten Atmosphäre leichter entspannen.

- Setze dich mit geradem Rücken auf einen Stuhl mit gerader Lehne und stelle beide Füße flach auf den Boden, so dass du bequem sitzt.
- Schließe die Augen und atme langsam und bewusst ein und aus. Achte darauf, wie deine Brust sich hebt, während du die Luft einatmest, und wie sie sich senkt, während die Luft beim Ausatmen aus dem Körper entweicht.
- Entspanne die Schultern und spüre, wie sich dein restlicher Körper auf dem Stuhl entspannt.
- Konzentriere dich auf deinen Atem, aber ohne dich anzustrengen – lasse den Körper seinen eigenen natürlichen Rhythmus finden. Sei dir nur deines Atmens bewusst.

- Lasse Gedanken, die auftauchen, an dir vorbeiziehen. Richte nicht dein Bewusstsein auf die Gedanken, sondern atme nur und lasse sie los.
- Nimm die Atmosphäre um dich herum bewusst wahr und fühle, wie still und friedlich sie ist.
- Bleibe für eine Weile in der ruhigen Atmosphäre sitzen und atme sie langsam in den Körper ein, bis du spürst, wie dein Geist die Stille des leeren Raums um dich herum widerspiegelt.
- Nimm wahr, wie ausgeglichen dein Geist nun ist, ohne das Bedürfnis, sich nach oben oder nach unten zu bewegen, zu denken oder irgendetwas zu leisten. Du bist jetzt in deinem eigenen Raum und völlig emotionslos und gedankenleer.
- Sitze in diesem ausgewogenen, klaren Zustand und lasse zu, dass dein Körper und Geist ihn genießen.
- Atme nun tief und bewusst ein, um die Lunge wieder mit Sauerstoff zu füllen.
- Nimm dabei wahr, wie dein Körper auf dem Stuhl ruht.
- Werde mit jedem Atemzug wieder wacher und bewusster, bis du fühlst, dass du wieder ganz wach bist.

Vergiss nicht: Alles, was du tun musst, um aus einer Meditation wieder herauszukommen, ist, tief und bewusst zu atmen. Denke niemals, du hättest keine Kontrolle über das Hinein- und Hinausgehen in und aus einer Meditation. Dein Atem ist das Tor.

Diese Meditation lässt sich jederzeit anwenden, da es bei ihr nur um dich und ihren Wert für dich allein geht. Ich empfehle jedoch, sie anfangs einmal pro Woche 10 bis 15 Minuten lang durchzuführen und sie dann allmählich bis auf höchstens eine halbe Stunde zu verlängern. Versuche, wenn du das locker schaffst, 40 Minuten sitzen zu bleiben, ohne einzuschlafen oder mit mehr Fragen als Antworten wieder herauszukommen. Beides würde darauf hinweisen, dass du die erforderliche Ruhe des Geistes noch nicht erreichst.

***

Diese Übung ist zu Beginn der spirituellen Entwicklung ganz wichtig, doch hast du auch bemerkt, dass es bei ihr nicht darum geht, Geistwesen zu kontaktieren oder irgendwelche Botschaften oder hellsehende Bilder zu empfangen?

Wie schon erwähnt ist es notwendig, dass jedes Medium seine eigenen Gedanken von den Mitteilungen aus der feinstofflichen Welt unterscheiden kann. Wenn du dich mit deiner eigenen Denkweise vertraut machst, wird es dir viel leichter fallen, deine Gedanken von einer äußeren Quelle, die dich beeinflusst, zu unterscheiden.

Auch halte ich es für äußerst sinnvoll, dass jeder, der die Arbeit als Medium erlernen möchte, eine meditative Übung hat, mit der er den Geist klären und aufräumen kann, wann immer es notwendig ist. Die Übung hilft mir, bodenständiger zu werden, wenn mein Alltag chaotisch ist. Wenn ich einfach nur in meinem inneren Raum sitze und das körperliche und seelische Gleichgewicht wiederherstelle, ist diese Übung ein wirksamer Realitätstest.

Jetzt ist ein guter Zeitpunkt, die Gedanken, Gefühle und anderen Sinneswahrnehmungen, die du während der Übung hattest, näher zu betrachten. Wenn du in einer Gruppe meditierst, kann es hilfreich sein, nach der Sitzung darüber zu sprechen, denn wenn du deine Erfahrungen in Worte fasst, kannst du sie besser verstehen.

Falls du alleine meditierst, bringt ein Tagebuch denselben Nutzen. Schreiben wir unsere Erlebnisse auf, werden sie gefestigt und greifbarer. Auch könnten einige relevanter werden, wenn du sie dir zu einem späteren Zeitpunkt noch einmal ansiehst.

Ich habe schon mit Leuten meditiert, deren Kopf voller Informationen „aus der feinstofflichen Welt“ war, ohne dass sie die Bedeutung richtig verstanden. In Wahrheit hatten sie keine Kontrolle über ihre Gedanken und hielten ihren Geist für eine Art Briefkasten, in dem jedes beliebige Wesen eine Nachricht hinterlassen konnte. Und sie gingen davon aus, dass die feinstoffliche Welt nicht perfekt ist, weil sie lauter verworrene Botschaften empfangen hatten.

Es geht hier jedoch nicht darum, mehr über die feinstoffliche Welt zu erfahren, sondern mehr über sich selbst herauszufinden. Diese einfache Übung ermöglicht es dir, den Geist zu einer starken, gesunden Fähigkeit zu entwickeln, auf die du vertrauen kannst. Es bringt nichts zu sagen, du würdest alle möglichen Nachrichten erhalten und hättest keine Kontrolle darüber – das ist nur willensschwach und naiv. In meinen Kursen lasse ich so etwas nicht zu; wenn meine Schüler unsicher sind, bringe ich ihnen bei, herauszufinden, warum etwas geschieht.

Die Geistwesen, mit denen wir zusammenarbeiten wollen, sind über alle Maßen intelligent, und das sollten Sie nicht vergessen, statt zu glauben, sie würden uns Menschen den Kopf mit Müll zuballern. Eine solche Denkweise erinnert mich immer an Leute, die mit Ouija-Boards herumspielen und bei denen alle Geister, mit denen sie in Kontakt treten, entweder Legastheniker sind – oder sie ihre Erlebnisse einfach erfinden.

Statt danach zu streben, alle möglichen Botschaften zu empfangen, solltest du in diesem Stadium nur versuchen, den Geist ruhigzustellen. Und du solltest die Übung ernst nehmen. Den meisten Menschen fällt es schwer, die Gedanken rasch verstummen zu lassen. Unser ganzes Leben beruht auf Mustern und Logik, und wenn wir meditieren, müssen diese Dinge beiseitegeschoben werden.

In der ersten Zeit meines Trainings spürte und fühlte ich so vieles, wenn ich aufgefordert wurde, diese Übung zu machen. Ich weiß noch, dass es mindestens achtzehn Monate dauerte, bis ich mich weniger um meine Gedanken kümmerte und allmählich die Kunst beherrschte, dies nicht zu versuchen.

Deine eigene Kraft verstehen

Zu diesem Zeitpunkt erlebst du vielleicht zum ersten Mal andere Sinneswahrnehmungen, während du meditierst oder in einem medialen Zirkel sitzt. Ich spürte zum Beispiel ein scheinbares Herzklopfen oder Schwingungen um meinen Körper herum. Mitunter hatte ich das Gefühl, der Stuhl, auf dem ich saß, würde sich bewegen.

Über die Jahre haben mich viele meiner Schüler nach solchen Wahrnehmungen gefragt. Die meisten von ihnen verstehen sofort, dass es nicht der Stuhl ist, der sich bewegt, und auch nicht ihr Körper, sondern dass es Schwingungen ihres Lichtkörpers oder der Aura sind.

Der gesamte mediale Prozess wird dir viel klarer werden, wenn du die Aura und ihre Funktionsweise verstehst. Das nächste Kapitel befasst sich näher mit diesem Thema. Wie ich jedoch an dieser Stelle erwähnen möchte, fiel bei mir der Groschen, als ich an wissenschaftlichen Tests der Universität von Glasgow teilnahm, die Professor Archie Roy und seine Assistentin Trisha Robertson durchführten. Während eines bestimmten Tests wurde ich an einen Herzmonitor und weitere Geräte, die Körperfunktionen aufzeichnen, angeschlossen. Bei dem Experiment sollte erforscht werden, was mit dem Körper eines Mediums passiert, wenn es meditiert oder sich in einen anderen Bewusstseinszustand versetzt.

Während wir meditieren, sollten sich unsere Körperfunktionen verlangsamen – vor allem der Herzschlag und Atem – und genau das verrieten die Geräte den Wissenschaftlern. Ich jedoch spürte, dass mein Herz raste und mein ganzer Körper vor Energie vibrierte. Als mir die Befunde mitgeteilt wurden, fragte ich mich tatsächlich kurz, ob die Geräte richtig funktionierten, da die Schwingungsrate um mich herum ziemlich stark war, was jedoch niemand erwähnte. Und obwohl ich einen schnelleren Herzschlag gespürt hatte, wurde mir gesagt, mein Herz hätte sich um mehr als die Hälfte des normalen Pulses verlangsamt.

Das schockte mich. Dann fiel bei mir der Groschen: Wenn weder ich noch der Stuhl, auf dem ich saß, sich bewegt hatte, musste es eine andere mich umgebende Kraft sein, die pulsierte.

Zu diesem Zeitpunkt hatte ich erst seit wenigen Jahren mein inneres Medium entwickelt, aber mir wurde klar, dass die Bewegungen, die ich um mich herum und durch meinen Körper hindurch wahrgenommen hatte, die sogenannte Aura war – oder, wie ich es heute nenne, mein Lichtkörper. Er ist unsere subtile Energie in einer leichteren Form; er ist viel leichter als physische Energie und deswegen von den fünf Sinnen kaum wahrnehmbar.

Wenn du weiter übst, wird deine Meditation intensiver werden, und irgendwann wirst du fähig sein zu spüren, wie dein eigener Lichtkörper oder dein aurisches Feld pulsiert oder sich um dich herum ausdehnt. Das ist der erste Schritt hin zu dem, was manche medial Begabte als „in der Kraft sitzen“ bezeichnen. Die

Formulierung bezieht sich auf die Tatsache, dass die Kraft des Geistes um dich herum die Demonstration oder das Reading antreibt, wenn du als Medium arbeitest.

Wir wollen uns nun diese subtile Energie näher ansehen.

Kapitel 3
Die Arbeit in der Aura

Deinen Lichtkörper zu spüren und herauszufinden, inwiefern er an deiner medialen Arbeit beteiligt ist, hilft dir, vieles über das Medium in dir und sogar über das spirituelle Heilen zu verstehen. Wie ich mittlerweile gelernt habe, kann ich die Schwingung des Geistwesens in meiner Nähe nur durch mein aurisches Bewusstsein fühlen. Mein Körper ist nicht so feinfühlig und erkennt es daher nicht – aber mein Lichtkörper nimmt es wahr.

Der Lichtkörper

Was wir häufig in der religiösen Kunst auf Bildern von Heiligen und Engelwesen sehen, sind die Lichtkörper. Meistens wird die bedeutendste spirituelle Gestalt dargestellt mit Licht in Form eines Heiligenscheins um den Kopf herum oder Licht, das aus ihrem Körper in die umliegende Atmosphäre strahlt. Interessant fand ich schon immer, dass die Künstler davon ausgehen, höhere spirituelle Wesen seien in Licht gebadet, das leuchtet und sich ausdehnt, um alle Betrachter mit einzubeziehen.

Hellsehende und medial Begabte beschreiben das aurische Feld einer Person oft als Licht, das ungefähr fünf bis sieben Zentimeter von ihrem Körper entfernt strahlt. Manche Menschen können sogar Farben im Lichtkörper erkennen und viele Informationen daraus gewinnen.

Als kleiner Junge sah ich oft Licht um Menschen und sogar um Tiere herum, wenn sie mir nahestanden. Ich ging davon aus, dass jeder dieses Licht sehen könne, und erst später fand ich heraus, dass die meisten Leute in meinem Umfeld keine Ahnung hatten, wovon ich redete. Wenn ich sie fragte: „Siehst du das Licht um die Frau herum?“, erntete ich nur komische Blicke.

Bei meinen früheren spirituellen Erfahrungen konnte ich sogar das Licht spüren. Bei diesen Erlebnissen hatte ich oft das Gefühl, von einer höheren Schwingung umgeben zu sein. Es war schwer, das anderen zu erklären. Erst heute, nach vielen Jahren der Arbeit mit der feinstofflichen Welt, weiß ich, dass ich dieses hohe Pulsieren während der medialen Sitzungen spüre, weil meine eigene Schwingung schneller werden muss, um sich der Schwingung der feinstofflichen Welt anzupassen, damit eine Verbindung zwischen den beiden Welten entstehen kann.

Ich erinnere mich noch an das Summen oder Pulsieren, das mich in einer Art Blase festhielt, als Ummy mir damals erschien. Das Gleiche geschah bei jeder anderen übersinnlichen Verbindung, die ich als Kind erlebte. Selbst heute, wenn ich als Erwachsener der feinstofflichen Welt auf einer tiefen Ebene begegne, findet dieselbe Schwingung statt und ich sehe bei den meisten Lebewesen immer noch, dass sie in Licht eingetaucht sind.

Mit Ende zwanzig ließ ich meine Augen untersuchen, da diese verstärkte Sehschärfe sich immer mehr intensivierte und ich Licht sah, das wie Sonnenstrahlen aus den Körpern von anderen Lebewesen heraustrat. Damals war meine Sehschärfe perfekt und beide Augen waren völlig gesund, wodurch ich nur noch mehr ungläubige Blicke erntete.

Viele Menschen, nicht nur medial Begabte, können die Aura sehen. Auf meinen Reisen bin ich Leuten begegnet, die zwar keine Ahnung von der Arbeit als Medium hatten, aber dennoch schwach leuchtende Lichtwellen um den Kopf oder die Schultern mancher Menschen sehen. Viele Heiler, mit denen ich zusammenarbeite, sehen nicht nur die Aura ihrer Patienten, sondern fühlen sie auch. Manche von ihnen erleben ein ähnliches Summen, und andere schildern das Gefühl, als hätten die Patienten eine Art Blase um den Körper, die ihn jedoch nicht berührt.

Die Aura als Vermittlerin

Tatsächlich wirkt die Aura vermittelnd; sie ist der Punkt, an dem die feinstoffliche Welt mit dem menschlichen Bewusstsein in Kontakt treten kann. Leute ohne Erfahrung der sensitiven Weiterentwicklung, doch mit Erlebnissen, die sie als „übersinnlich“ oder „mitfühlend“ bezeichnen, erwähnen häufig eine seltsame Sinneswahrnehmung, die sie kaum beschreiben können, da ihnen die Vorstellung eines Lichtkörpers um sich herum – eine Art extrasensorischer Teil von ihnen – fremd ist.

Die meisten versuchen, solche Erfahrungen mit Begriffen körperlicher Reaktionen zu beschreiben, doch das Wesen dieser Phänomene deutet darauf hin, dass es überhaupt nicht körperlich ist.

„Irgendwas oder irgendjemand hat mich an der Schulter berührt – eine unsichtbare Hand", erzählte mir eine Frau, nachdem sie ein sogenanntes Spukhaus in Schottland betreten hatte.

Ich erklärte ihr, dass ein Geistwesen sie nicht körperlich berühren könne, doch wenn ihre Sensibilität aufgrund ihrer verstärkten Aufmerksamkeit erhöht sei, dann könnte ihr Lichtkörper, dessen Schwingung näher an denen der feinstofflichen Welt ist, durchaus eine Berührung spüren, die sich körperlich anfühlte, ohne es zu sein.

Der Lichtkörper kann dir eher durch Gefühle und Wahrnehmungen als durch die normalen fünf Sinne Informationen senden. Er verleiht dir im Kern deines Wesens ein Gefühl der Gewissheit. Der Lichtkörper ist der subtile Teil deines Bewusstseins, das frühe Warnsystem, das dir sagt, wenn etwas nicht stimmt, auch wenn alles ganz normal wirkt. Wenn du die Wohnung von Freunden betrittst und weißt, dass sie gerade gestritten haben, auch wenn sie lächeln, als sei nichts gewesen – dann ist es deine Aura, die die Energie und die Emotionen in der Atmosphäre aufspürt.

Dieser feinfühligere Teil von dir ist aktiv, wenn du als Medium oder Sensitive(r), als medial Begabte(r) oder intuitiv Begabte(r) arbeitest. Feinfühlige Menschen werden sozusagen wach geboren. Ich verwende den Begriff „feinfühlig" hier absichtlich, da diese Menschen die Fähigkeit haben, Dinge zu fühlen, die andere nicht spüren können.

Als kleiner Junge fühlte ich oft Dinge, die weder meine Eltern noch meine Geschwister spürten. Einmal erspürte ich eine Situation, die meine Eltern beunruhigte. Ohne die Hintergründe zu kennen, sah ich im Voraus, wie die Sache ausgehen würde, und sagte es meinen Eltern.

> *Es geschah an einem Sonntagnachmittag. Ich spielte im Wohnzimmer hinter dem Sofa mit meinen Spielzeugautos und bekam mit, wie sich meine Eltern über meine ältere Schwester Joan, die damals ungefähr achtzehn war, Sorgen machten. Sie hatte ihnen erzählt, ein junger Mann, den sie gerade kennengelernt hatte, würde sie auf eine Spritztour abholen, und sie freute sich darauf, weil er ein neues Auto hatte, was damals eine ziemlich große Sache war. Schon circa eine Stunde nachdem Joan das Haus verlassen hatte, wurde meine Mutter unruhig. Sie begann, meinen Vater mit Fragen wie „Wo zum Teufel steckt sie?" und „Wann kommt sie endlich wieder?" zu nerven. Natürlich hatte er auch keine Antworten darauf.*
>
> *Während ich hinter dem Sofa weiterspielte, wurde ich immer rastloser. Plötzlich spürte ich ein Rütteln*

oder Vibrieren um mich herum. Für einen Augenblick kam es mir so vor, als würde mein Körper feststecken. Gleich darauf hatte ich das deutliche Gefühl, bei Joan und dem jungen Mann zu sein. Der Augenblick ging vorbei. Ich reagierte ganz spontan, stand auf und sprach meine Eltern direkt an. Ich sagte ihnen: „Joan ist auf einer Polizeiwache in Carlisle. Ihr ist nichts passiert und ihr werdet bald von ihr hören. Sie kommt morgen wieder nach Hause."

Carlisle war ungefähr 150 Kilometer von unserem Ort entfernt hinter der schottischen Grenze.

Stellen Sie sich vor, wie Eltern auf eine plötzliche Bemerkung wie diese von ihrem jungen Sprössling reagieren würden! Schock wäre wohl die erste Reaktion – und so war es auch bei uns. Dann schickte mich meine Mutter aufgebracht nach draußen, wo ich wie ein normales Kind spielen sollte.

Am nächsten Tag wurde zwar kaum darüber gesprochen, doch alles kam genau so, wie ich es ihnen vorausgesagt hatte. Also bekam ich noch mehr komische Blicke von meinen Eltern und meiner großen Schwester. Ich weiß noch, dass mein Vater und meine Mutter auch sehr erleichtert aussahen – ach ja, und auch leicht verwundert.

Wenn ich heute, mit meinem weitaus größeren Verständnis für das Geschehene, die Situation betrachte, erkenne ich, dass ich als angeborener Sensitiver durch mein aurisches Bewusstsein die Angst meiner Mutter aufgegriffen habe und mich auf irgendeine Weise mit meiner Schwester verbunden habe, so dass ich die Fragen meiner Mutter wie ein Hellseher oder Medium beantworten konnte. Hier handelte es sich nicht um mediale Arbeit, da die Antworten nicht aus der feinstofflichen Welt oder von einem Geistwesen kamen; vielmehr hat die unterschwellige Kraft, welche mit der feinstofflichen Welt verbunden ist, auch Zugang zu weltlichen Informationen. Es ähnelt dem Phänomen, das als Fernwahrnehmung bezeichnet wird, bei dem Dinge gesehen werden können, die weit über die menschliche Sicht hinausgehen. Aus diesem Grund wollte ich dieses Erlebnis erwähnen, denn es zeigt, dass das innere Medium und übersinnliche Ereignisse eine gemeinsame Verbindung haben: die Aura oder den Lichtkörper.

Die angeborene Feinfühligkeit

Als Kind wusste ich zwar noch nicht, wie zum Beispiel die Aura oder auch die feinstoffliche Welt wirkt, aber ich habe in meinem Leben viele Erfahrungen gemacht, die mein Verständnis geprägt haben, vermutlich, damit ich sie anderen, die sich auf demselben Weg befinden, erklären kann. Hätte ich in jungen Jahren jemanden gehabt, der mir den spirituellen Weg geebnet hätte, dann hätte das womöglich meine emotionale Intelligenz stark beeinflusst und mir ein besseres Verständnis über das, was mit mir passierte, ermöglicht. Andererseits hat alles seinen Sinn und Zweck, und ohne meine eigenen Bemühungen würde ich womöglich dieses Buch jetzt nicht schreiben und nicht versuchen, ein paar Missverständnisse über die Welt des inneren Mediums aufzuklären.

Bei meiner ersten übersinnlichen Erfahrung, die ich mit Ummy machte, hatte ich wie schon erwähnt das Gefühl, als wäre ich im Augenblick festgefroren, und spürte dabei ein Summen um mich herum. Wie ich heute erkenne, war dieses Summen um mich herum mein aurisches Feld, das aktiviert wurde, damit Ummys Geist mit mir überhaupt kommunizieren konnte.

Tatsächlich hatte ich dieselbe Sinneswahrnehmung bei allen übersinnlichen Phänomenen, die ich als Kind oder junger Mann erlebte. Das brachte mich während meiner Entwicklung dazu, mir die mich umgebende Energie näher anzusehen. Ich wollte wissen, was mit meinem Körper und Geist passierte, während ich meditierte oder als Medium arbeitete. Das war auch einer der Gründe, warum ich an den Forschungsexperimenten der Universität von Glasgow teilnehmen wollte. Ich wollte schon immer mehr darüber erfahren, was einen bestimmten Menschen zu einem Medium oder feinfühliger als andere macht.

Vergiss nicht: Ich verwende das Wort „Medium“ als Beschreibung für eine Person, die Botschaften von Verstorbenen aus dem Jenseits vermittelt. Ich wende den Begriff „sensitiv“ bei Menschen an, die Informationen über die Vergangenheit, Gegenwart oder Zukunft einer lebenden Person empfangen können, so wie ich es im Falle meiner Schwester tat. Beide – das Medium und der Sensitive – können die Atmosphäre und die Emotionen anderer fühlen, doch der Sensitive nutzt sein Mitgefühl; er spürt, was andere körperlich oder emotional durchmachen. Manche von ihnen können Wahrnehmungen in einem Raum oder Ort aufgreifen. Wenn ihre Aura sich mit der Aura eines Ortes verbindet, können sie die historischen Ereignisse, die sich dort zugetragen haben, genau beschreiben. Solche Menschen wirken mitunter dramatisch oder sogar hysterisch, wenn sie ihre Gefühle und Erkenntnisse schildern, und ihnen sollte klar sein, dass sie eine Botschaft nur lesen – sie müssen sie nicht auch darstellen.

Es gibt noch vieles darüber zu lernen. Wenn du merkst, dass du aus mehr als nur einem materiellen Körper mit fünf physischen Sinnen bestehst, bist du bereit dafür, deinen Geist auszudehnen, um dein inneres und erweitertes Selbst – und irgendwann auch deinen Geist – kennenzulernen.

Deine Sinne verstehen

Hattest du selbst schon mal ähnliche Erfahrungen wie diese hier? Hast du schon mal etwas gespürt, was sich weit weg von dir ereignet hat? Hattest du schon mal eine Begegnung mit dem Geist eines geliebten Menschen, der dir Informationen vermittelt hat, die du mit den fünf menschlichen Sinnen nie bekommen hättest?

Wenn ja, dann versuche, diese Erfahrungen so zu sehen, wie ich sie sehe: nicht als etwas, das in deinem Inneren passiert, sondern um dich herum und wegen dir. Auch wenn Sensitive oft das Gefühl haben, als würden ihre Erfahrungen im Körper stattfinden, stellen sie bei näherer Untersuchung fest, dass diese um sie herum stattfinden und dass sie sie erspüren, weil sie feinfühlig sind.

Machst du solche Erfahrungen? Befindest du dich ständig in einem erhöhten Zustand? Damit meine ich: Hast du das Gefühl, als wolltest du deinen Lichtkörper dimmen, weil er ständig aktiviert, immer „an" ist? Wenn das zutrifft, dann mache mit deiner Entwicklung bitte weiter, weil alle mit Sensitivität Geboren lernen sollten, wie sie ihr erhöhtes Bewusstsein ein- und ausschalten können.

Es ist genauso einfach wie das Abschalten spiritueller Gedanken, wenn du dich in der Realität erdest. Wenn du beispielsweise am Ende einer Meditation die Augen aufmachst, solltest du dir einen Moment die Zeit nehmen, darauf zu achten, wo du gerade sitzt. Strecke dich, atme bewusst und versuche einfach, im Hier und Jetzt zu sein. (Manche Leute lehren komplizierte Aus- und Einschaltungssysteme, aber im Grunde ist es so einfach, wie du es dir machst.)

> *Ich erinnere mich an einen Mann, den ich in der folgenden Geschichte Rob nenne. Er hielt sich für ein Medium und füllte einen Großteil seines Lebens damit aus, spiritistische Kirchen in Schottland zu*

besuchen und den Gemeindemitgliedern Mitteilungen ihrer verstorbenen Angehörigen in der feinstofflichen Welt zu überbringen. Gelegentlich gab er als Sensitiver auch Readings über das Leben einer bestimmten Person.

Wäre Rob ein eingeladenes Medium gewesen, dann wäre alles in Ordnung gewesen. Doch soweit ich weiß, war er von keiner Kirchengemeinde oder Gruppe, die ich kenne, je gebeten worden, als Medium oder in irgendeiner sonstigen Funktion zu arbeiten.

Trotzdem erzählte Rob am Ende der medialen Session den Teilnehmern, dass – obwohl das echte Medium der Gemeinde Botschaften überbracht hatte – auch er sich eingeklinkt hätte und auch er Botschaften für sie hätte. Wie er sagte, sei er immer offen dafür und sein Licht zu hell, so dass die Geister immer zu ihm kämen, selbst wenn ein echtes Medium gerade direkt vor seiner Nase arbeitete.

Die traurige Wahrheit war, dass keine von Robs Botschaften jemals irgendeinen Sinn ergab. Manchmal beleidigte oder verletzte er sogar Leute, und häufig forderte man ihn auf zu gehen, um das zu verhindern.

Am Ende einer meiner eigenen Sitzungen fragte er mich, ob ich sein Licht sehen könnte. Ich überlegte kurz und forderte ihn dann stattdessen auf, mir sein Licht zu schildern. Er sagte, er wisse nicht, wie er es abstellen könne, und deshalb empfange er so viele Botschaften für andere.

Ich fragte ihn, warum dann die erhaltenen Botschaften für die Menschen, denen er sie übermittelte, keinen Sinn ergaben. Er meinte, sein Licht sei so hell, dass es zu viel Aufmerksamkeit aus der feinstofflichen Welt anzog. Es waren also laut ihm die Geistwesen, die verwirrt waren, und das hatte nichts mit seiner Fähigkeit, Botschaften zu übermitteln, zu tun.

Statt das Gespräch fortzusetzen, bot ich ihm an, an meinem medialen Zirkel teilzunehmen. Hier könnte er lernen, sein Licht auszuschalten und es – nach angemessener Zeit und Training – richtig einzuschalten.

Er lehnte mein Angebot ab, und das tat mir leid, da ich diesem traurigen Mann wirklich helfen wollte, sich zu erden. Es war mein aufrichtiger Wunsch, ihm zu vermitteln, dass niemand ständig offen sein kann und dass er kein Medium oder Sensitiver war, weil keiner mit seinen „Botschaften" etwas anfangen konnte.

Wie ich deutlich erkannte, wollte er zwar ein Medium sein, doch war er nicht bereit, wie so viele Leute, die Zeit, die Mühe und das echte Engagement aufzubringen, die man braucht, um diese Arbeit richtig zu machen.

Die aurische Verbindung verstehen

Dies ist ein guter Zeitpunkt, um sich näher mit deinen eigenen medialen oder sensitiven Erlebnissen zu befassen und zu sehen, ob du die aurische Verbindung verstehst.

Heute ist sie für mich eindeutig, wenn ich mir meine Erfahrungen als Jugendlicher und Anfang zwanzig, kurz bevor ich mit dem spirituellen Entwicklungskurs anfing, ansehe. Mit neunzehn ging ich einmal in einen Nachtclub und spürte ein äußerst unangenehmes Vibrieren im ganzen Körper, als ich über die Schwelle trat. Ich hatte keine Ahnung, was es zu bedeuten hatte, doch ich drehte mich auf den Fersen um und ging nach Hause. Am nächsten Morgen las ich in der Zeitung, dass ein junger Mann in meinem Alter in diesem Nachtclub erstochen worden war. Hatte ich das gespürt? Ich kann es nicht mit Sicherheit sagen, doch irgendwas um meinen Körper herum warnte mich davor, das Gebäude zu betreten. War das meine Sensibilität?

Meiner Meinung nach ist es immer eine gute Idee, sich über solche Erlebnisse Notizen zu machen und zu sehen, an welcher Stelle sie in die eigene Entwicklung hineinpassen. Zum Beispiel war die Erfahrung mit Ummy für mich zweifellos eine mediale

Botschaft. Ich bekam die Vision eines Mannes, von dem ich gar nicht wusste, dass er gestorben war, und er gab mir Informationen, die ich nicht hätte wissen können. Die Erfahrung mit Joan war sensitiv: Ich nahm Verbindung zu den Lebenden auf und erhielt eine Antwort. Das Erlebnis im Nachtclub fühlte sich zwar äußerst einfühlsam und sensitiv an, doch es war kein mediales Ereignis. Ich hatte nicht das Gefühl, von einem Geistwesen gewarnt zu werden, sondern das Gefühl entstand aus dem Bauch heraus – daher würde ich sagen, es war mehr eine Sensibilität gegenüber Zeit und Raum als alles andere.

Ich rate dir dringend, alle übersinnlichen Erfahrungen, die du in deinen Träumen oder Meditationen und vor allem im Alltag machst, zu überwachen und aufzuschreiben. Versuche, deine eigene Sensibilität kennenzulernen und herauszufinden, was sie dir über das Wesen deiner Begabung oder Gaben sagen will.

Übrigens habe ich nicht auf jedes instinktive Gefühl gehört. Auch du hast vielleicht schon einmal gespürt, dass etwas passieren würde, und statt danach zu handeln, hast du gegen deine Instinkte gehandelt und die Folgen zu spüren bekommen. Ich kann mich an viele solcher Ereignisse erinnern, denn bevor du deinem inneren Selbst, deiner Intuition, deinem angeborenen Warnsystem wirklich vertrauen kannst, begibst du dich in Situationen, von denen du weißt, dass du sie meiden solltest.

> *Beispielsweise fuhr ich einmal mit meinem Auto zu einem Freund. Als ich vor dem Haus parkte, hatte ich eine Vorahnung, dass mein Auto gestohlen wür-*

de. Sicher können Sie sich vorstellen, wie idiotisch ich mich jetzt beim Schreiben fühle, aber es war einer dieser Augenblicke der Zweifel, in denen ich mein Bauchgefühl ignorierte, obwohl es sich immer als richtig herausgestellt hat. Ich glaube, wir müssen das manchmal tun, um unsere angeborene Sensibilität wirklich schätzen zu lernen.

Eine Stunde oder so unterhielt ich mich mit meinem Freund, bis er mich schließlich fragte: „Sag mal, hast du irgendwas? Du wirkst so nervös."

Zuerst verneinte ich es, doch dann gestand ich ihm, dass ich mir wegen meines Wagens Sorgen machte. Ich habe immer noch seinen Gesichtsausdruck vor Augen, als er sich bemühte, meine Unruhe zu verstehen. Er beruhigte mich und sagte, meinem Auto würde nichts passieren, da es in seiner Gegend keine Autodiebstähle oder mutwillige Beschädigungen von Autos gegeben hätte, solange er hier wohnte. Doch um mich zu beruhigen, schlug er vor, es woanders zu parken, damit wir es von seinem Fenster aus im Blick hätten.

Es war einer dieser Momente, in denen man nicht begreift, was gerade passiert ist. Während wir dastanden und auf die leere Parklücke starrten, in der mein Auto gestanden hatte, bemerkte ich wieder seinen Gesichtsausdruck. Diesmal war er es, der besorgt wirkte.

„Eigentlich hätte dem Auto nichts passieren dürfen", sagte er mit reuevoller Stimme.

Uns beiden war klar, dass wir nur noch die Polizei rufen konnten.

Nachdem wir offiziell Anzeige erstattet hatten, fragte mich mein Freund, ob ich auch wisse, wer mein Auto gestohlen habe und wo es jetzt sei ...

Die aurische Energie erforschen

Wir alle besitzen die Fähigkeit, unsere Sensitivität und unser Bewusstsein weiterzuentwickeln. Ich bin überzeugt, wir alle können die Emotionen und mitunter auch körperlichen Schmerzen anderer fühlen. Diese Art des Mitfühlens kommt aus der Aura, nicht aus unserem Körper. Während deiner medialen Entwicklung wirst du dir dessen allmählich bewusster werden, und das macht die mediale Entwicklung begreiflicher und erklärt einen Großteil des sogenannten Mysteriums übersinnlicher Ereignisse.

Wenn du in einem medialen Zirkel bist, kann eine Übungssitzung gut sein, in der du versuchst, dich mit der aurischen Ebene eines anderen aus deiner Gruppe zu verbinden. Auch wenn das keine mediale Tätigkeit ist, ist es dennoch nützlich, um deine einfühlsamen Fähigkeiten auszubauen. Das wiederum hilft dir, deine Sensibilität zu schärfen und die emotionalen Erinnerungen anderer Menschen und Orte zu spüren. Und das ist hilfreich für deine zukünftige Arbeit als Medium.

Die folgende Übung wende ich an, um es meinen Teilnehmern leichter zu machen, das aurische Feld einer anderen Person zu erleben:

Übung: Die aurische Energie eines anderen erfühlen

Diese Übung ist für Zweiergruppen. Eine Person sitzt auf einem Stuhl, während die andere hinter ihr steht.

- Die stehende Person: Ermutige deinen Partner dazu, sich zu entspannen, den Geist ruhigzustellen und sich innerlich so gut wie möglich ins Gleichgewicht zu bringen.
- Lege ihm sanft die Hände auf die Schultern, versuche dich geistig auf seine körperliche Energie einzustimmen und lasse dir von seinem Körper sagen, wo er entspannt und zur Ruhe gekommen ist.
- Hebe dann die Hände fünf bis sieben Zentimeter über seinen Schultern hoch und versuche die Atmosphäre um seinen Körper herum zu erfühlen.
- Achte bei dieser Übung auf deine eigenen Emotionen und Gefühle und versuche irgendwelche unterschwelligen oder sonstigen Änderungen wahrzunehmen.

Kannst du spüren, was dein Partner in diesem Augenblick fühlt?

- Bitte ihn leise, sich an einen Zeitpunkt zu erinnern, an dem er sich vom Leben überfordert und von liebevollen Erfahrungen und positiven Gefühlen abgeschnitten fühlte.
- Achte darauf, wie du dich nach dieser Frage fühlst. Spürst du irgendetwas im Körper? Kommen irgendwelche emotionalen Erinnerungen in dir hoch? Was passiert in der Atmosphäre, die deinen Partner umgibt, mit deinen Händen?
- Bitte deinen Partner nach einem kurzen Augenblick und irgendwelchen Reaktionen, die du feststellst, an einen der glücklichsten Zeitpunkte in seinem Leben zurückzudenken, an eine Erinnerung voller Liebe und Freude, und lasse ihn eine Weile darin schwelgen.
- Führe dieselbe Prozedur des Bewusstseins und der Sensibilität durch. Achte insbesondere auf deine Hände und jede mögliche Schwankung oder Veränderung der Temperatur. Fühlen sie sich heiß oder kalt an? Vermittelt dir die letztere Erinnerung ein anderes Gefühl?
- Bitte deinen Partner, wenn du spürst, dass der richtige Augenblick gekommen ist, seine Gedanken wieder verstummen zu lassen, und versuche eine Veränderung in der Atmosphäre zu erfühlen, während er von einem glücklichen in einen ausgewogenen Zustand zurückkehrt.

- Lege nun sanft die Hände wieder auf die Schultern des Partners und hole ihn langsam in den völlig bewussten Wachzustand zurück.
- Setze dich mit deinem Partner hin, wenn ihr beide wieder völlig wach seid, und redet über das, was ihr beide gefühlt habt. Er hat eine emotionale Erfahrung durchlaufen, die du möglicherweise gespürt hast. Teile ihm alles mit, was du bei seinen Erinnerungen gefühlt hast.
- Es ist auch nützlich, darauf zu achten, wie sich seine Aura angefühlt hat. Schien sie in deinen Händen greifbar zu sein? Wenn ja, war deine eigene Aura äußerst aktiv, denn wenn eine Quelle der aurischen Energie mit einer anderen in Kontakt kommt, entsteht ein Gefühl der Präsenz und körperlichen Berührung. (Dasselbe kann auch geschehen, wenn Geistwesen uns nahe sind und wir sie als physische Präsenz spüren.)
- Tauscht die Plätze und wiederholt die Übung, sobald ihr eure Ergebnisse und Gefühle ausgetauscht habt.

Häufig spürt man die Aura eines anderen als etwas Physisches an den Händen. Manche Leute beschreiben dies als eine „magnetische Kraft", die um die andere Person herum besteht, während andere berichten, sie würde sich „heiß und vibrierend" oder manchmal „kalt" anfühlen. Nicht jeder sieht, hört oder spürt dasselbe – die Wahrnehmungen sind völlig unterschiedlich. Auch entspricht die Beschreibung von etwas oft unserer Vorstellung davon.

Interessant ist auch festzustellen, ob du irgendwelche Emotionen gespürt hast, und welchen Bezug sie zu den Erinnerungen des anderen haben. Wenn du die realen Erinnerungen gesehen, gehört oder gefühlt hast, zeigt das in gewisser Weise, wie mitfühlend du bist.

Wenn du die unsichtbaren Energien und Erinnerungen der Lebenden „lesen“ kannst, dann kannst du wahrscheinlich auch dazu ausgebildet werden, das Gleiche mit der nichtkörperlichen subtilen Energie und dem unterschwelligen Bewusstsein zu tun.

***

In der Aura lesen

Ich werde oft gefragt, ob ich ein Mensch bin, der hellsehen kann, oder ein Medium. Und natürlich antworte ich, dass ich ein Medium bin und meine Informationen während eines Readings von den Verstorbenen in der feinstofflichen Welt erhalte. Aber auch wenn das fast immer der Fall ist, habe ich bei der Arbeit als Medium häufig eine Vision von etwas aus dem derzeitigen Leben des Empfängers, und zwar nicht nur als geistiges Bild, sondern auch in Form eines Bauchgefühls.

> *In einem glasklaren Fall suchte mich eine Mittfünfzigerin für ein Reading auf. Sie hoffte, Verbindung zu ihrem verstorbenen Mann aufzunehmen. Obwohl ich mein Bestes gab, war es eine dieser Sitzungen, in denen nichts funktionierte – weder der gewöhnli-*

che Versuch, mich auf ihn einzustimmen, noch die Berührung eines Fotos oder Gegenstands ihres Mannes.

Als mir schließlich klar wurde, dass ich keine Verbindung mit ihm aufnehmen konnte, gab ich es auf. Ich sagte der Frau, dass dies manchmal geschieht, es nicht ihre Schuld sei und dass ein Medium manchmal nicht seinen Geist auf die Ebene anheben könne, auf der es Mitteilungen empfangen kann.

In solchen Situationen ist es besser, ehrlich zu sein, statt sich weiter zu bemühen. In gewisser Weise ist es wie ein altes Transistorradio, das sechs Tage hintereinander super funktioniert und am siebten Tag aus unerklärlichen Gründen kein klares Signal zustande bringt. Man kann es zwar hin- und herrücken und die Antenne herausziehen, doch wenn der Wellenbereich nicht stimmt, kann man es genauso gut ausschalten und vergessen. Genauso fühlte es sich an diesem Tag an.

Wie meine Klientin mir sagte, hatte sie schon früher Kontakt zu ihrem Mann aufgenommen und wollte keine Beweise für das Leben im Jenseits, sondern ihn nur etwas fragen. In ihrem gemeinsamen Leben hatte sie sich immer darauf verlassen können, einen guten Rat von ihm zu bekommen, wenn sie über etwas unsicher war, und sie hatte gedacht, er würde sich bei einem Reading zeigen und ihr wieder einen Rat geben. Das konnte ich gut nachvollziehen und es tat mir leid, dass ich ihr nicht helfen konnte.

Wir tranken Tee und sie erzählte mir, wo sie gerade der Schuh drückte. Ich hörte gerne zu – schließlich war ich zwanzig Jahre lang Friseur und das war nicht das erste Mal, dass mir jemand die intimsten Dinge aus seinem Leben erzählt hatte.

Die Frau sagte, sie habe seit ein paar Monaten eine Beziehung zu einem Mann. Ihr Mann war seit über zehn Jahren tot, und sie versuchte, ihr Leben weiterzuführen. Sie war überzeugt, dass ihr Mann in der feinstofflichen Welt kein Problem mit ihrem neuen Freund hatte, doch irgendwas in ihrem Inneren war ein kleines bisschen misstrauisch ihm gegenüber, auch wenn sie es nicht benennen konnte.

Sobald sie mir von ihrer inneren Unsicherheit erzählte, fühlte ich genau dieselben Zweifel.

Ich bat sie fortzufahren und sie sprach weiter. Doch plötzlich unterbrach ich sie. „Was, er hat Sie gebeten, ihm ein neues Auto zu kaufen?!“, fragte ich so bestimmt, dass sie regelrecht erstarrte.

Ich spürte den Drang weiterzureden und wusste, ich würde nicht damit aufhören, bevor das Gefühl, das sich in mir aufbaute, wieder vergangen war.

Ich hörte mich sagen: „Sie sind sich seiner nicht sicher, weil er sagt, er hätte viel Geld in ein Finanzgeschäft investiert und wolle sich das Geld für das Auto bloß leihen. Aber Ihr Bauchgefühl hat Sie bisher davon abgehalten, es ihm zu leihen, nicht wahr?"

An diesem Punkt hätte sie vor Schreck fast die Teetasse fallenlassen.

„O Gott!", sagte sie.

Sie starrte mich an, und meinem Gefühl nach wartete sie nur darauf, dass ich weitersprach, also tat ich es. Innerhalb von dreißig Sekunden nannte ich ihr den Namen des Mannes, wo sie ihn kennengelernt hatte, und ich riet ihr, unbedingt auf ihr Bauchgefühl zu hören.

Ich schloss die Augen und konnte sehen, wie der Mann aussah. Ich beschrieb ihn ihr und sagte ihr auf den Kopf zahlreiche Details aus Gesprächen zu, in denen er ihr versprochen hatte, sie in zwei Jahren zu heiraten. Es gab noch mehr Einzelheiten, noch kriminellere, die sie zwar schon geahnt hatte, ohne ihnen nachzugehen.

Am Ende meines „Ausbruchs" war mir klar, dass diese Informationen von der Frau selbst kamen und nicht von ihrem verstorbenen Mann. Ich spürte kei-

ne Präsenz, doch ich hatte schon früher hellseherische Informationen aus der Aura eines Menschen erspürt und wusste, wie sich das anfühlte. In diesem Fall war ich sicher, dass all diese Informationen im Kopf der Frau schon vorhanden gewesen waren, weil sie so beunruhigt war.

Es schockte sie ziemlich, als ich ihr verriet, wie ich an mein Wissen gekommen war, und sie fragte sich immer noch, ob es nicht doch von ihrem Mann kam, aber das war nicht mein Eindruck. Nach meinem Verständnis war es vermutlich am besten für sie, diese Informationen von einem Fremden zu erhalten, da sie so eine größere Wirkung entfalten konnten. Hätte sie sie durch ein Medium von ihrem Mann erhalten, hätte sie sie womöglich angezweifelt oder nicht danach gehandelt.

Ich erfuhr das Ende der Geschichte, und wie Sie sich sicher denken können, kaufte sie ihm kein Auto und beendete die Beziehung, nachdem sie vieles von dem, was ich ihr gesagt hatte, überprüft hatte.

Ich weiß ehrlich nicht, ob ihr Mann ihr damals nicht helfen konnte – oder durfte –, doch letztendlich ging die Geschichte gut aus.

Bei unserem nächsten Termin konnte ich als Medium Verbindung zu ihrem Mann aufnehmen, und die-

se Session fühlte sich ganz anders an als die vorherige. Diesmal war es ein Prozess, der mir viel vertrauter und in gewisser Weise eine weniger beängstigende Erfahrung war.

Dieses Erlebnis zeigte mir wieder einmal, dass alle medial Begabten auch sensitiv Begabte sind, selbst wenn wir diese Fähigkeit nicht immer anzuwenden brauchen, da die freundlichen Geistwesen, die mit ihren Lieben in Kontakt treten, es uns gewöhnlich so leicht machen.

Berichte ohne Pathos

Wie ich schon erwähnt habe, gibt es Leute, die beim ersten Betreten eines Ortes oder Gebäudes eine Verbundenheit zu seiner Atmosphäre herstellen. Das ist ihre aurische Sensibilität. Sie zeigt uns, dass Erinnerungen in der Aura eines Ortes – in seiner Atmosphäre – festgehalten werden können. Ein echter Sensitiver kann Zugang zu ihnen bekommen und ohne Pathos darüber berichten.

Es ist wichtig, schon früh zu lernen, dass das, was in der unsichtbaren Energie um dich herum geschieht, weder eine positive noch eine negative Wirkung auf dich selbst hat. Gute Sensitive – wie auch jedes gute Medium – fühlen Dinge und berichten darüber. Das ist alles. Sie übernehmen sie nicht und nehmen sie auch nicht mit nach Hause. So etwas passiert nur, wenn der Sensitive oder das Medium sich nicht richtig entwickelt hat und nicht weiß, wie man sich von der alten Emotion einer Situation distanzieren kann.

Ich habe mal entsetzt zusehen müssen, wie ein weibliches Medium auf einer Bühne stand und sich bemühte, einem Ehepaar mittleren Alters, das seinen Sohn bei einem tragischen Unfall verloren hatte, eine Botschaft zu überbringen. Statt die Informationen weiterzugeben, fischte das Medium nach Botschaften, und daran merkte ich, dass es unsicher war und die korrekte Haltung bei der Arbeit in der Öffentlichkeit nicht gelernt hatte. Auch merkten alle Anwesenden, wie emotional die Frau wurde, während sie sich bemühte, die Botschaft herüberzubringen. Es gab sogar einen Punkt, an dem sie weitaus erschütterter wirkte als die Empfänger, und für einen kurzen Moment dachte ich sogar, der Vater würde aufstehen und zu ihr hingehen, um sie zu trösten.

Wie ihr Verhalten uns zeigte, brauchte die Frau, die als Medium agierte, mehr Trost und Hilfe als das Elternpaar, das sein Kind verloren hatte.

Wenn ein Medium solche Gefühlsausbrüche hat, bedeuten sie entweder, dass es sich nicht um ein echtes Medium handelt oder dass es keine richtige Ausbildung in der Öffentlichkeitsarbeit genossen hat. Oder aber es hat keine echte Verbindung zur feinstofflichen Welt. Wenn die Leute nur wüssten, dass die Geistwesen, die mit uns zusammenarbeiten, den Menschen nur Hilfe und Heilung bringen wollen und sie keineswegs durch alberne dramatische und hochemotionale Auftritte verstören wollen!

Wenn du das Medium in dir ernsthaft entwickeln möchtest, willst du nicht aus den falschen Gründen auf deine Gabe aufmerksam machen und hast kein Interesse an Drama und Selbstdarstellung. Echte Schüler der medialen Arbeit werden es nicht noch geheimnisvoller machen, sondern immer darauf bedacht sein, Herz und Geist auf ein höheres Verständnis zu bringen.

***

Das Wissen, dass du einen ausgedehnten Lichtkörper oder eine erweiterte Aura hast, bereitet dich auf den nächsten Schritt unseres Kurses vor. Wenn du dieses Bewusstsein dazu nutzt, um als Sensitive(r) Informationen zu empfangen, bist du dazu bereit, deine eigene Schwingung auf eine höhere Ebene zu bringen und die unterschwellige Energie der feinstofflichen Welt zu fühlen.

Ich zitiere oft das alte englische Sprichwort „When the student is ready, the teacher will appear" („Wenn der Schüler so weit ist, wird der Lehrer da sein"). Wenn du es geschafft hast, an den Punkt zu kommen, an dem du glücklich und zufrieden in deinem stillen Geist ruhst, in der Kraft deines aurischen Feldes zu verharren, und verstanden hast, dass dieses innere Licht dein aktivierter sechster Sinn ist, dann bist du bereit für den nächsten Schritt.

Er bringt dich zu deinem wahren Lehrer: deinem Geistführer.

Kapitel 4
Die Visitenkarte

Hat jeder Mensch einen Geistführer? Diese Frage höre ich bei meiner Arbeit als spiritueller Lehrmeister am häufigsten. Ich kann darauf nur eine Antwort geben, und die lautet: „Ja, absolut."

Geistführer und geistige Beschützer

Viele Leute auf dieser Welt wollen daran glauben, dass irgendwo da draußen im riesigen Universum ein spirituelles Wesen über sie wacht. Es ist verständlich, dass sie sich als ein Teil des größeren Gesamtbildes fühlen möchten. Wenn sie sich sicher sein könnten, dass ein geistiger Beschützer sie von einem höheren Ort aus schützt, würden sie sich als Teil einer mächtigeren, richtungsweisenden Kraft voller Sinngebung und Möglichkeiten fühlen, statt sich klein und unbedeutend zu fühlen, wenn sie an den endlosen Horizont blicken.

Medial Begabte fühlten sich schon immer mit spirituellen Lehrmeistern oder Geistführern der höheren feinstofflichen Welt verbunden. Ich sage zwar „Medium", meine damit aber auch die Schamanen der Urkulturen, die die Schwingung ihres Geistes anhoben, um mit ihren Vorfahren oder höheren Geistwesen zu sprechen und Rat für ihren Stamm zu erhalten. Eigentlich waren sie die ursprünglichen medial Begabten.

Was ich damit sagen will, ist, dass die mediale Arbeit eine uralte Methode ist. Auch wenn viele Leute den Spiritismus – der Mitte des 19. Jahrhunderts entstand und Anfang der 1950er Jahre in Großbritannien zu einer eigenen Religion wurde – anscheinend mit der Anwendung medialer Fähigkeit in Verbindung bringen, gibt es die mediale Tätigkeit schon sehr viel länger.

Während der gesamten Menschheitsgeschichte hat es Berichte über Leute gegeben, die die Fähigkeit besaßen, mit Geistern zu sprechen, Erscheinungen zu haben und die Stimmen Verstorbener zu hören. Was sie alle – zu jeder Zeit der Vergangenheit oder Gegenwart – vereint, ist, dass sie von einer lenkenden Kraft sprechen. Johanna von Orleans hatte ihren Heiligenrat, der mit ihr sprach und ihre Mission führte. Die Bibel bietet zahlreiche Beispiele von auserkorenen Menschen, die von Engelwesen besucht werden, welche ihnen Führung aus einer höheren Ebene gewähren und Ähnliches. Dieselben Phänomene finden sich in unterschiedlichen Formen in den meisten, wenn nicht gar allen Kulturen.

Tatsache ist: Geistige Beschützer und Geistführer sind nicht allein den Auserkorenen und Heiligen vorbehalten – jeder, der in diese Welt hineingeboren ist, hat auf den höheren Ebenen sein „geistiges Spiegelbild". Das ist sein Geistführer. Auch wenn manche Menschen dies von Geburt an instinktiv wissen, kann jeder seinem Geistführer begegnen, wenn er weiß, wie – und damit meine ich, wenn er wirklich weiß, wie!

Im ersten Entwicklungszirkel, an dem ich teilnahm, saßen sehr viele Leute, die irgendeinen Archetypen als ihren Geistführer erfunden hatten, wie beispielsweise einen Indianerhäuptling oder eine religiöse oder heilige Gestalt aus dem Christentum und so weiter. Keiner von ihnen schien ein ganz normaler Mensch gewesen zu sein, bevor er die Rolle eines Geistführers übernahm. Ach ja – wir hatten schon Johannes den Täufer und Maria Stuart, die Königin von Schottland, um nur zwei zu nennen.

Historische Figuren wie diese stehen nur für einen Typus – der Täufer ist beispielsweise ein großartiger Seher und Maria Stuart ein unschuldiges Opfer, das in einen Turm eingesperrt ist. Beide haben nichts mit dem richtigen Geistführer des jeweiligen Schützlings zu tun, sondern eher mit dessen seelischem Zustand. Wenn derjenige jedoch seine Entwicklung vorantreibt, wird er von dem speziellen Archetypen, den er sich ausgesucht hat, etwas lernen. Er kann dadurch sogar seinen wahren Geistführer kennenlernen.

> *Steven, ein ehemaliger Schüler, der jetzt mit mir zusammenarbeitet, machte die Erfahrung, einen archetypischen Geistführer zu adoptieren, nur um mehrere Jahre später herauszufinden, dass das Ganze eine Lehre war, denn sein echter Geistführer war in fast jeder Beziehung genau das Gegenteil von seiner ursprünglichen Vision.*
>
> *Als Steven sich an mich wandte, um ihm bei seiner Entwicklung zu helfen, hatte er schon eine klare*

Vorstellung von seinem Geistführer, da mehrere Leute, die als Medium arbeiteten, ihm Botschaften übermittelt hatten, die so klangen, als würde ein Indianer über ihn wachen.

Wie er heute zugibt, fiel es ihm leicht, sich danach beim Meditieren ein solches Bild zu erschaffen. Sobald er dies versuchte, zeichnete sich ein passendes Bild vor seinem geistigen Auge ab: ein stolzer Indianer, der in der typischen Aufmachung auf einem weißen Pferd saß.

Steven ging noch einen Schritt weiter und fragte die Vision, ob sie sein Geistführer sei. Im Kopf vernahm er eine Stimme, die „Ja" sagte.

Dann fragte er den Geistführer nach seinem Namen. Wieder antwortete die Stimme in seinem Kopf. „Crazy Horse".

Daher hielt Steven das für den Namen seines Geistführers. Das Einzige, dessen er sich nicht sicher war, war, ob die Stimme in seinem Kopf tatsächlich von dem Geistführer kam – oder von ihm selbst.

Damals nahm er nicht an einem regelmäßigen Zirkel teil, und seine einzige spirituelle Aktivität war die Teilnahme an Seminaren, zum Beispiel am Arthur Findlay College in Stansted, England, wo Menschen, die als Medium arbeiten wollen, Kurse zur medialen Entwicklung belegen können. Außer diesen Seminaren, die nur wenige Wochen dauerten, meditierte er alleine zu Hause ohne einen Lehrmeister. Als er zu mir kam, war sein Kopf vollgestopft mit wirren Vorstellungen und er hatte keine Ahnung, was real und was nur seiner Fantasie entsprungen war.

Aus genau diesem Grund rate ich meinen Schülern immer, sich zwar am Ende der Entwicklungssitzungen Notizen zu machen, jedoch alle Bilder zu ignorieren, die auftauchen, wenn sie Fragen nach ihrem Geistführer stellen. Stellen wir eine solche Frage im Geist, ist es ganz normal, sich die Antwort vorstellen zu wollen und sie womöglich durch unser Wunschdenken zu beeinflussen. Ich habe während meiner frühen Meditationen viele Bilder vor Augen gehabt, und wenn jedes von ihnen ein Geistführer gewesen wäre, dann hätte ich jetzt eine ganze Sammlung von allen historischen Archetypen seit Atlantis. Es ist weitaus besser, wenn du darauf hinarbeitest, die Atmosphäre um dich herum zu fühlen und Hinweise auf eine Präsenz in deiner Nähe zu spüren. Für mich war es nie wirklich das Sehen, das meinen Glauben an einen Geistführer stärkte, sondern eher das Fühlen der Präsenz des Geistwesens.

Ich bin jedoch meinem Geistführer schon begegnet. Im Alter von vier oder fünf Jahren sah ich ein blondes Mädchen in meinem Alter nachts in meinem Zimmer. Manchmal war dieses Mädchen das Letzte, was ich vor dem Einschlafen sah. Wenn ich mich unsicher fühlte oder sogar Angst vor dem hatte, was in meinem Umfeld passierte – wie es allen Kindern manchmal geht – vermittelte mir dieses anmutige Mädchen ein Gefühl der Friedlichkeit und Ruhe, das mich sofort beruhigte.

Wie ich weiß, berichten viele Kinder von Fantasiefreunden, die sie sehen können. Das lässt mich rätseln, ob all diese Gestalten tatsächlich Fantasiegespinste sind. Ich will damit nicht sagen, dass jedes Kind, das einen imaginären Freund zu haben glaubt, ein Geistwesen sieht. Ich weiß nur, was ich als Kind erlebt habe und wie man es mir erklärte, während ich mich weiterentwickelte.

Mehrere Jahre nach Beginn meiner spirituellen Reise ergab sich in einer Entwicklungsgruppe ähnlich denkender Teilnehmer die Gelegenheit zu einer Sitzung mit einem hervorragenden Trance-Medium, auch Channel genannt. Ein Trance-Medium versetzt sich in einen Trancezustand, in dem es einen Teil seines Bewusstseins dem Geistwesen übergibt, das durch das Medium sprechen will, und lässt seinen Geistführer seine Fähigkeiten nutzen.

Wie der Geistführer dieses Trance-Mediums mir mitteilte, würde mein eigener Geistführer sich mir schon bald vorstellen. Auch sollte ich mich daran erinnern, dass er sich mir in meiner Kindheit schon als Mädchen meines Alters gezeigt hatte, da ein Kind einen leichteren Bezug zu einem solchen Bild bekäme als zu dem eines Erwachsenen aus einer fremden Kultur. Der Geistführer beschrieb mir dann das blonde Mädchen und die Wirkung, die seine Anwesenheit auf mich gehabt hatte, und ich weiß genau, dass ich diese Informationen keiner anderen lebenden Seele verraten hatte.

Ich fand es nur logisch, dass die feinstoffliche Welt, die sehr klug und einfühlsam ist, auf diese Weise in Verbindung mit einem kleinen Kind trat, da dies mir keine Angst machte und sich auch nicht irgendwie gespenstisch anfühlte, und das hat es auch nie.

Kurz darauf zeigte sich mein Geistführer mir gegenüber, so wie der Geistführer des Trance-Mediums es vorausgesagt hatte. Doch bevor ich Ihnen verrate, wie und warum er das tat, möchte ich erklären, wie ich diesen Punkt meiner Entwicklung erreichte.

Die Visitenkarte des Geistführers

Mittlerweile befand ich mich schon mehrere Jahre in meinem Entwicklungsprozess, den Mrs. Primrose lehrte, und lernte, darauf zu vertrauen. Sie riet mir, meinen Gefühlen mehr zu vertrauen als den Bildern oder den inneren Gesprächen, die in meinem Kopf auftauchten. In der Zwischenzeit war ich schon weitaus sensibler gegenüber der Atmosphäre um mich herum geworden, und in den Kurssessions konnte ich tatsächlich schon spüren, wenn sich ein Geistwesen in meinem aurischen Feld befand. Manchmal fühlte es sich so an, als würde jemand neben mir stehen. Hätte ich die Augen aufgemacht und den Kopf gewandt, dann hätte ich eine Gestalt gesehen, aber ich öffnete nie die Augen.

Hinsichtlich einer bestimmten Präsenz wusste ich instinktiv, dass sie mein Geistführer war. Jedes Mal, wenn ich diese Präsenz neben mir spürte, fühlte ich deutlich feine Haarsträhnen, die mir um den Mund und das Kinn strichen, nur fühlten sie sich nicht an wie mein eigenes Haar, sondern wie das eines anderen. Wie ich irgendwann begriff, war diese Sinneswahrnehmung die persönliche Art und Weise meines Geistführers, sich vorzustellen, und seine Gesichtshaare waren in seinem letzten Leben in der physischen Welt sein Wahrzeichen gewesen. Er gab mir damit ein Zeichen, an dem ich ihn immer erkennen würde, egal ob im Unterricht oder bei der medialen Arbeit. Es war sozusagen seine Visitenkarte.

Woran kannst du die Visitenkarte deines Geistführers erkennen?

Übung: Suche nach der Visitenkarte

Fange diese Übung so an, wie du gewöhnlich die Meditation beginnst, die du bisher angewendet hast:

- Setze dich so gerade hin, wie dein Körper es zulässt, und stelle beide Füße flach auf den Boden, um dich zu erden.
- Entspanne die Schultern und atme tief ein. Spüre, wie dein Brustkorb sich beim Einatmen dehnt und sinkt, während du langsam ausatmest.

- Nimm die Entspannung deines Körpers wahr, während er sich allmählich ruhig und ausgeglichen fühlt.
- Lasse zu, dass der Atem jetzt, da sich dein Körper in einem friedlichen und ruhigen Zustand befindet, natürlicher wird.
- Lasse Gedanken, die dir durch den Kopf gehen, einfach vorbeiziehen. Halte nicht daran fest. Lasse zu, dass sich dein Geist entspannt, und ruhe in der Stille und dem Frieden deiner Energie.
- Mache dir bewusst, dass deine Energie nicht nur durch deinen Körper fließt, sondern auch wie ein Licht in die Atmosphäre um dich herum ausstrahlt. Lasse dein Licht sich ausdehnen und leuchten.
- Schicke deinem Geistführer, der in der Atmosphäre um dich herum ist, einen Willkommensgruß.
- Lasse deinen Geistführer in deinem heiligen Raum verweilen.
- Achte darauf, ob du eine Präsenz in der Energie, die dich umgibt, spüren oder fühlen kannst. Nimm sie nur wahr. Lasse nicht zu, dass dein Geist irgendetwas denkt oder sich vorstellt, sondern achte nur auf das Gefühl einer Präsenz in deiner Aura.
- Frage deinen Geistführer, wenn dir irgendetwas auffällt, ob er es verursacht, und warte ab, um zu sehen, ob es stärker wird. Du kannst ihn sogar darum bitten,

das Wahrgenommene abzuschalten und dann wieder einzuschalten. Warte auf eine Reaktion.

- Nun atme tief ein und entlasse deinen Geistführer aus deinem Licht, während du dein Bewusstsein wieder zu dir zurückholst.

Hole dich in die Gegenwart zurück, wie du es sonst auch tust, und überdenke einen Augenblick alles, was du während der Übung empfunden hast. Tausche dich mit den anderen aus, wenn du einer Gruppe angehörst. Schreibe alles mit Datum in ein Tagebuch, falls du alleine bist. Es ist immer gut, die Etappen deiner spirituellen Reise schriftlich festzuhalten. Selbst Dinge, die unwichtig erscheinen, können später an Bedeutung gewinnen.

Vergiss nicht: Der Sinn dieser Übung ist, die Präsenz zu spüren und nicht zu versuchen, sie zu verstehen oder sich vorzustellen, wer oder was sie ist. Das zu wissen hat mir bei meiner eigenen Entwicklung sehr geholfen.

***

Als ich die Visitenkarte meines Geistführers kannte, bat ich ihn mental, aufzuhören, mit den Haaren über mein Kinn zu streichen. Damit sollte er mir zeigen, dass das Zeichen wirklich von ihm kam. Sobald ich diesen Gedanken gedacht hatte, hörte die Wahrnehmung auf. Daraufhin bat ich ihn, es mich wieder fühlen zu lassen, und natürlich spürte ich es sofort wieder. Dieses Gefühl wurde unser Zeichen. Ich nehme es heute noch wahr. Es sagt mir immer, wenn mein Geistführer in meiner Nähe ist, und meistens erhalte ich danach etwas: entweder eine Information oder eine Aufgabe, die ich ausführen soll.

Einmal nahm ich seine Visitenkarte ganz deutlich wahr und gleich darauf hatte ich die Vision eines dunkelhaarigen jungen Mannes, der mit einer älteren Frau Verbindung aufnehmen wollte. Ich wusste instinktiv, dass es sich um seine Mutter handelte. Er hielt ein Blatt Papier in der Hand, das wie ein Brief aussah. Dann hörte ich in meinem Kopf eine Stimme, die sagte: „Alan ist in Sicherheit, Alan ist frei."

Ich hatte keinen Schimmer, was das heißen sollte, da ich keine der beiden Personen in meiner Vision wiedererkannte. Doch fühlte ich, dass es etwas Wichtiges war, und ich merkte, dass die Vision direkt auf die Visitenkarte meines Geistführers gefolgt war.

Nicht lange danach wurde die Vision Wirklichkeit. Drei Tage später war ich abends zusammen mit Mrs. Primrose in unserer Heilklinik, als eine Frau, die wie die Frau in meiner Vision aussah, auf uns zukam und fragte, ob jemand ihr Heilung geben könnte.

Damals war ich nur ein Heilpraktikant, doch meine Lehrmeisterin wies mich an, mit der Frau zu arbei-

ten, während sie zuschaute. Die Heilsession verlief ganz gut und ich spürte Wärme und ein Gefühl des Friedens um die Frau herum. Doch dann bemerkte ich wieder die Präsenz meines Geistführers. Wie seine Visitenkarte mir sagte, war er ganz nahe und wollte zu ihrer Heilung beitragen.

Dann sah und hörte ich wieder genau das, was ich drei Tage zuvor in meiner Gruppe gehört hatte; nur hielt ich es jetzt für wichtig, darüber zu reden und es irgendwie loszuwerden.

Also beendete ich die Heilsession ziemlich abrupt und wandte mich flüsternd an Mrs. Primrose. Ich berichtete ihr rasch von meiner Vision. Sie blickte mich an und wies mich an, der Frau zu sagen, dass die Heilung abgeschlossen sei, und sie dann wie gewöhnlich zu beenden. Anschließend führte sie die Frau in ihr Büro und forderte mich auf, ihnen zu folgen.

Dort erklärte Mrs. Primrose der Frau, dass ich während unserer Heilsession etwas empfangen hätte, und fragte sie, ob ich es ihr schildern sollte, da es wie eine Botschaft von jemandem aus der feinstofflichen Welt klang.

In diesem Augenblick war ich weder nervös noch beunruhigte mich der Gedanke, ihr die Information zu überbringen, da ich wieder die Visitenkarte meines Geistführers spürte und wusste, dass er es so wollte.

Wie sich herausstellte, hatte die Frau einen Sohn namens Alan gehabt, der sich das Leben genommen hatte und ihr einen Abschiedsbrief hinterlassen hatte. Der Brief hatte sie jedoch nicht trösten können. Sie glaubte, er würde aufgrund der Art und Weise, wie er gestorben war, irgendwo feststecken. Deswegen litt sie unter Depressionen und seelischer Erschöpfung.

Als sie die kurze Nachricht ihres Sohnes aus der feinstofflichen Welt hörte, sagte sie uns, wie wichtig ihr diese Botschaft war, und wirkte nun viel fröhlicher als nach der Heilsitzung.

In den darauffolgenden Monaten lernte ich sie näher kennen, da sie nun öfter in unsere Kirche ging, und es tat gut zu sehen, wie sie immer stärker und selbstsicherer wurde.

Auch ich wurde selbstsicherer. Dieses Erlebnis hatte es mir leichter gemacht zu wissen, wann ich als Medium arbeiten sollte. Und wie es sich gezeigt hatte, war die Visitenkarte ein echtes Zeichen dafür, dass die feinstoffliche Welt tatsächlich mit mir zusammenarbeiten wollte.

Selbst heute noch bitte ich, wenn ich gewisse Dinge im Leben anzweifle, meinen Geistführer in Gedanken: „Mein Freund, wenn du in der Nähe bist, könnte ich dann bitte deine Visitenkarte fühlen?“ In den meisten Fällen bekomme ich dann sofort das Zeichen.

Meiner Erfahrung nach spürte ich erst meinen Geistführer und empfing dann eine Botschaft für jemand anderen, und in dieser Reihenfolge sollte es auch laufen. Es ist immer besser, erst auf das Zeichen deines Geistführers zu warten, bevor du anderen Botschaften überbringst. Es braucht Zeit zu lernen, wie man die feinstoffliche Welt richtig spürt, und dem, was man empfängt, zu trauen. Wenn du abwartest, bis dein Geistführer dir ein Zeichen schickt, dem du vertrauen kannst, wird der ganze Prozess viel einfacher.

> *Mein verwirrter Schüler Steven begann an einem kleinen privaten Zirkel bei mir zu Hause teilzunehmen, nachdem er mir seinen bisherigen verwirrenden Entwicklungsprozess erzählt hatte. Ich hatte das aufrichtige Gefühl, dass er eine echte übersinnliche Gabe hat, und war mir sicher, dass er von Leuten beeinflusst worden war, die auf diese Arbeit nicht richtig vorbereitet waren.*
>
> *Ich weiß noch, wie verblüfft er wirkte, als ich ihm anbot, in der Gruppe zu sitzen und nichts zu tun, und ihm sagte, auch wenn er keine tollen Ergebnisse brächte, könnte er trotzdem in meinem medialen*

Zirkel bleiben. Vermutlich dachte er, ich würde ihm die medialen Techniken für Fortgeschrittene beibringen. Da irrte er sich gewaltig!

Als Steven sich an den Gedanken gewöhnt hatte, sich nichts einbilden und auch keine Ergebnisse liefern zu müssen, begann sein Geist, sich wirklich auszudehnen. Schon im ersten Jahr konnte ich die Kraft fühlen, die ihn umgab, und spürte, dass die feinstoffliche Welt bereit war, sich ihm auf richtige Weise zu zeigen. Nachdem ich es selbst schon erlebt hatte, konnte ich es kaum erwarten zu sehen, wie mein neuer Schüler reagieren würde, wenn eine simple Visitenkarte all die Jahre der Verwirrung in einen Segen verwandeln würde.

Vertraue deinem Geistführer

Mit der Zeit wächst das Vertrauen zwischen dir und deinem Geistführer, und wenn er dir eine Aufgabe stellt, die seine Botschaft als echt bestätigt – so wie die Nachricht, die ich Alans Mutter überbringen konnte –, wird es zu einem echten Band zwischen euch. Es bedeutet, dass hinter der von dir gefühlten Präsenz eine Intelligenz steckt, und alle Visionen oder Botschaften, die diese Präsenz dir schickt, haben dann viel mehr Gewicht als irgendwelche zufälligen Gedanken.

Ich machte mir über meine Erkenntnisse im Zirkel Notizen, damit ich die genauen Details später überprüfen konnte, und staunte immer wieder, wie bedeutend meine Erfahrungen später wurden. Das war mir in Hinsicht auf das Vertrauen ganz wichtig und zeigte auch, dass mein Geistführer Dinge zu wissen schien, die noch gar nicht passiert waren.

> *Einmal saß ich gerade in meinem medialen Zirkel, als ich meinen Geistführer ganz deutlich um mich herum fühlte. Seine Visitenkarte war so eindeutig und stark, dass ich mir am liebsten die kitzelnden Haare aus dem Gesicht gewischt hätte, so greifbar war die Wahrnehmung. Ich wusste, gleich würde etwas Wichtiges geschehen, und deshalb bemühte ich mich, den erhöhten geistigen Zustand beizubehalten und auf das, was als Nächstes kam, vorbereitet zu sein.*
>
> *Als Nächstes erhielt ich eine Reihe von Visionen von Menschen und Orten, die ich nicht klar erkennen konnte – es war ungefähr so, wie wenn man im Fernsehen ein Programm ansieht, das nicht richtig eingestellt ist. Doch plötzlich wurde das Bild scharf und ich sah mich vor einer großen Menschenmenge auf einer Bühne stehen. Die Zuschauer sahen mich erwartungsvoll an, als würden sie auf meine Rede warten. Ich konnte die Vorderseite eines Theaters erkennen, auf der „Mackintosh" geschrieben war, und danach eine Orange und anschließend einen Affen, der auf einem Felsen sitzt. Um mich herum*

hörte ich auch ein deutliches Summen, so wie immer, wenn ich ein übersinnliches Erlebnis habe.

Damals sagten mir diese Bilder nichts, doch ich notierte alles, was ich gesehen, gehört und gefühlt hatte, mit Datum in dem Tagebuch, das ich zu diesem Zweck führte. Ich hob es auf, um zu sehen, ob die Visionen zum richtigen Zeitpunkt einen Sinn ergeben würden.

Zwei Jahre später sollte ich in Gibraltar arbeiten, wo ich vor Hunderten von Zuschauern in der John Mackintosh Hall als Medium arbeitete. Bevor ich auf die Bühne ging, schaute ich aus einem Fenster in ein Gärtchen hinter der Halle. Mein Blick fiel auf einen kahlen Baum, der eine einzige Orange trug.

Der Affe ist ein berühmtes Symbol für den Felsen von Gibraltar. Viele Touristen besuchen ihn, um die frechen Äffchen zu sehen, die auf dem Felsen turnen. Auch ich besichtigte ihn.

Erfahrungen wie diese stärkten mein Vertrauen in meinen Geistführer und das Wissen, geduldig zu sein und die Bedeutung der Informationen abzuwarten, die er mir geschickt hat, damit ich ihn dadurch kennenlernen konnte.

Die Reise nach Gibraltar war ein beeindruckendes Erlebnis für mich, da es das erste Mal war, dass ich in einem Theater gearbeitet habe, und es wurde zum Durchbruch für mich als Medium. Auch der Zeitpunkt war ein ganz besonderer, da er mir die

Kraft gab, meine Angst, vor einer großen Zuschauermenge zu arbeiten, zu überwinden. Da ich schon im Voraus Informationen darüber erhalten hatte, wusste ich, dass an diesem Abend alles gut laufen würde. Ich musste nur hingehen – mein Geistführer würde für alles andere sorgen.

Wenn du lernen kannst, deinem Geistführer schon früh in deiner Entwicklung zu vertrauen, wird deine Reise dorthin viel einfacher werden. Es geht nur darum, die Sprache des Geistes zu erlernen.

Die Sprache des Geistes – Sinneswahrnehmungen und Telepathie

Im Alltag verlassen wir uns meistens auf unsere Augen und Ohren und den Rest unserer fünf Sinne: den Geruchssinn, den Geschmackssinn und den Tastsinn. Über Sensitivität oder den Spürsinn wird uns jedoch nichts beigebracht.

Wie ich irgendwann herausfand, spürte und fühlte ich von früh auf Dinge, die meine älteren Geschwister nie erwähnten oder zu fühlen schienen. Da ich von Geburt an sensitiv bin, reagierte ich häufig emotional auf solche Wahrnehmungen. Mit vier oder fünf Jahren spürte ich, dass Bekannte, die bei meinen Eltern zu Besuch waren, traurig waren, und das machte mich ebenfalls traurig. Ich habe schon immer die Trauer oder Angst anderer gefühlt, und aus diesem Grund versuchte ich, mir Lösungen für ihre Probleme vorzustellen, oder wünschte den Menschen aus tiefstem Herzen Besserung. Als ich heranwuchs, hatte ich niemanden, der mir sagen konnte, wie ich mit solchen Gefühlswahrnehmungen fertig werden sollte. Ich musste sie durchmachen und konnte nur hoffen, dass ich irgendwann später einmal damit umgehen könnte.

Wenn du glaubst, schon jemals in deinem Leben vor Beginn deiner spirituellen Reise so empfunden zu haben, dann bist du womöglich von Natur aus besonders einfühlsam. Du kannst für die Emotionen und sogar körperlichen Schmerzen anderer sensitiv sein. Wenn das der Fall ist, musst du lernen, wie du diese Fähigkeit sinnvoll nutzen kannst, statt dich von ihr herunterziehen zu lassen. Manche einfühlsame Menschen lassen sich in der Gesellschaft Depressiver anstecken, während es anderen schwerfällt, sich in der Nähe von leidenden Menschen oder an Orten aufzuhalten, wo körperliches Leid vorherrscht.

Eine Frau, die gleichzeitig mit mir ihre Entwicklung begann, konnte sich nicht die Spätnachrichten ansehen, da sie sonst nicht schlafen konnte, weil sie das Leid und den Terror auf der ganzen Welt nicht mehr aus dem Kopf bekam. Ihr Geist war so stark darauf programmiert, mit den Emotionen anderer mitzufühlen, dass sie den Schmerz beinahe in ihrem eigenen Körper manifestiert hätte. So ging es ihr schon ihr ganzes Leben lang. (Es ist ein Irrtum zu glauben, Sensitive würden anderen die Schmerzen wegnehmen, wenn sie sie selber spüren. Das geschieht zwar manchmal, aber nicht immer.)

Was mir an dieser Frau auffiel, war die Tatsache, dass sie so viel Schmerz empfinden konnte – und nicht nur durch das Fernsehen. Ihre Sensibilität war auf Leiden eingestellt, wie es bei vielen solcher Menschen der Fall ist, denn scheinbar achten wir mehr auf diese Seite der Gefühlsskala als auf die liebevolle, glückliche Seite. Und da sie an unserem Heilkurs teilnahm, saß sie mittendrin. Häufig beschrieb sie genau, was die anderen gerade fühlten, wenn sie in ihrer Nähe war.

Für mich war das geradezu eine Offenbarung, da ich deutlich erkennen konnte, dass eine telepathische Nachricht zwischen dem Leidenden und dem Mitfühlenden ausgetauscht wurde. Wie mir plötzlich klar wurde, werden Botschaften von einem Geistführer oder einem verstorbenen Angehörigen aus der feinstofflichen Welt durch die wortlose Sprache der Telepathie gesendet.

Dasselbe geschah, als ich die Barthaare meines Geistführers spürte: Dabei empfing ich durch reine Telepathie seine Erinnerung daran, wie er in körperlicher Gestalt ausgesehen hatte.

Das hieß also, dass der Schmerz, den ich während der Heilsessions mit Patienten gefühlt hatte, eher eine Art telepathischer Phantomschmerz als ein echter körperlicher Schmerz war. Wie jeder einfühlsame Heiler weiß, empfinden oder spiegeln sie häufig den Schmerz ihrer Patienten. Und sobald man den Schmerz fühlt und merkt, wo er herkommt, verschwindet er meist sofort.

Telepathie funktioniert auch hervorragend zwischen Menschen mit einem starken Band im Leben. In meinen Workshops zeige ich oft mithilfe von langjährigen Partnern oder anderen Menschen mit einer engen Verbindung, wie Telepathie funktioniert. Es handelt sich weniger um Gedankenverbindungen als vielmehr darum, dass die Gefühle oder Nöte des einen auch den anderen beeinflussen. Solche Gefühle können jedoch mitunter wie Gedanken wirken. Das hängt davon ab, wie feinfühlig der Empfänger ist oder wie stark die ausgesendeten Gefühle sind.

Einmal nahm ein Paar, das schon seit fast 30 Jahren zusammen war, an einer meiner Sessions teil. Ich setzte die beiden in zwei verschiedene Zimmer und bat dann den Mann, sich in eine leichte Meditation zu versetzen und sich an eine sehr emotionale Situation in seinem Leben zu erinnern. Dies tat er und erinnerte sich sofort an die Geburt seines Sohnes. Damals hatte er seine jetzige Partnerin noch nicht gekannt.

Ihr hatte ich zwar keine Aufgabe gestellt, doch ich hatte ihr ein Blatt und einen Stift hingelegt und ihr gesagt, sie könnte darauf herumkritzeln, falls ihr langweilig wurde. Erstaunlicherweise zeichnete sie ein Baby und schrieb darüber: „Es ist ein Junge! Es ist ein Junge!“

Obwohl ihr bekannt war, dass ihr Lebenspartner einen Sohn aus einer früheren Beziehung hatte, hatte sie nie gewusst, welche Gefühle die Geburt seines Sohnes in ihm ausgelöst hatten. Doch während sie den Säugling zeichnete, weinte sie still und hielt sich dabei den Arm über die Augen. Genau dasselbe tat ihr Partner im anderen Zimmer, während er der Gruppe seine Gefühle bei der Geburt seines Sohnes schilderte. Seine Lebenspartnerin nahm also nicht nur ein Gefühl wahr, das sie nicht sehen konnte, sondern fühlte es auch selbst und reagierte darauf. Das nenne ich Telepathie.

Die Anwendung von Telepathie

Wenn du mehr über Telepathie wissen möchtest, findest du dazu zahlreiche Bücher. Ein paar sehr gute Werke über dieses Thema hat Professor Gary Schwartz aus den USA geschrieben, der viele wissenschaftliche Untersuchungen an telepathisch begabten Personen durchgeführt hat – mit äußerst interessanten Ergebnissen. Ich rate dir, bei der medialen Arbeit auf Telepathie zu achten und zu versuchen, die Quelle der telepathischen Botschaften, die du dabei erhältst, herauszufinden. Vergiss nicht: Viele Informationen, mit denen medial Begabte und Sensitive arbeiten, stammen von lebenden Personen. Du musst daher lernen zu verstehen, wie dein Verstand funktioniert, da er per Telepathie Nachrichten aus dieser und der anderen Welt aufgreift. Wie erhältst du diese Botschaften – siehst, hörst oder spürst du sie? Im nächsten Kapitel werden wir uns näher damit befassen.

Wenn du deinen Geistführer und seine Visitenkarte besser kennenlernst, kannst du die telepathische

Verbindung zwischen euch nutzen, um Antworten zu erhalten. Dein Geistführer will, dass du diese Sprache verstehst, damit er dir helfen kann, dich jedes Mal, wenn ihr zusammenarbeitet, medial weiterzuentwickeln. Dieser Prozess lässt sich zwar nicht beschleunigen, doch dein Geistführer wird da sein und dir dabei helfen.

Irgendwann gab Steven die Vorstellung, Crazy Horse sei sein Geistführer, auf und entwickelte die Geduld und Fähigkeit, in der Kraft zu sitzen und auf seinen echten Geistführer zu warten.

Ich konnte die Erscheinung seines Geistführers um ihn herum sehen und deutlich erkennen, was für eine Gestalt er war, doch als guter Lehrmeister sagte ich nichts, bevor mein Schüler so weit war, es selbst zu erkennen.

Es dauerte fast zwei Jahre, bis Steven anfing, die Visitenkarte seines Geistführers zu erkennen. Er beschrieb sie als das Gefühl, als wäre seine Wange elektrisch aufgeladen.

Dem entgegnete ich nichts, sondern riet ihm nur, es wahrzunehmen und abzuwarten, bis sich noch mehr tat. Ohne dass Steven es ahnte, konnte ich sehen, dass sich auf der linken Wange seines Geistführers eine deutlich erkennbare strichförmige Narbe ab-

zeichnete. Auch konnte ich erkennen, dass der asiatisch aussehende Mann ziemlich bodenständig und gewöhnlich wirkte. Er nannte mir seinen Namen, den ich für mich behielt, bis mein Schüler ihn selbst erfuhr.

Und dann hatte Steven eines Abends ein Erlebnis, das buchstäblich seinen ganzen Körper elektrifizierte. Plötzlich fühlte er nicht nur die Visitenkarte seines Geistführers, sondern sein ganzes Wesen. Er brauchte keine Visionen oder Fantasien mehr, da die Verbindung zwischen dem Geistführer und meinem Schüler nun eindeutig hergestellt worden war: Innerhalb eines kurzen Augenblicks hatte er nicht nur den Namen des Geistführers empfangen, sondern auch, wo und wann dieser auf der Erde gelebt hatte. Es war, als hätte er den feinstofflichen Download eines anderen Wesens erhalten – die Art von Erfahrung, die Glauben zu Wissen und Überzeugung macht.

Ich wusste, Steven war jetzt bereit, enger mit dem Geistführer zusammenzuarbeiten, da er seine alten Fantasien, die man ihm fälschlicherweise eingeimpft hatte, über Bord geworfen hatte und lieber auf das Echte wartete.

Statt von wirren Vorstellungen und chaotischen Zweifeln und Analysen geplagt zu werden, war sein

Geist nun klar. Steven war selbstbewusst und bereit, mit absolutem Vertrauen voranzuschreiten, in der Sicherheit, dass das Beste noch kommen würde.

Kapitel 5
Die drei Fähigkeiten eines Mediums

Wie erhältst du Informationen aus der feinstofflichen Welt – durch Sehen, Hören oder Fühlen? Um das Medium in dir weiterzuentwickeln, ist es wichtig zu erkennen, wie es tatsächlich funktioniert.

Hellsehen

Der Begriff selbst bedeutet nur „Klare Sicht"; seine Assoziationen sind jedoch mystischer und feinstofflicher. Clairvoyance ist das französische Wort für die Fähigkeit von Sehern, Wahrsagern, medial Begabten und anderen Visionären, die nach eigener Angabe in die Zukunft, das Leben anderer oder auf feinstofflichen Ebenen sehen können.

Seit über dreißig Jahren sehe ich Hellsehenden, Sehern und Wahrsagern zu und arbeite mit vielen von ihnen. Und ich habe schon erstaunliche – gute und schlechte – Vorhersagen gehört. Manche von ihnen sind eingetreten, andere nicht.

Meine Bekannte Karla ist eine hervorragende Seherin. Wenn sie mit Informationen über eine Vision, die sie bezüglich meines Lebens oder des Lebens im Allgemeinen, zu mir käme, dann würde ich ohne Bedenken auf ihre Treffsicherheit vertrauen.

Der Grund dafür ist, dass die Liste der Treffer ihrer Vorhersagen sehr hoch ist, und viele Leute, die bisher ihre Dienste als Seher in Anspruch genommen haben, würden dasselbe sagen.

> *Vor einigen Jahren machte ich eine erstaunliche Erfahrung mit Karla, als ich an meinem Arbeitsplatz ein Problem hatte. Die anderen fragten mich, warum ich mir die Lösung nicht aus der feinstofflichen Welt holte, doch für meine eigenen Zwecke wende ich mich nie an sie.*
>
> *Es gibt im Leben viele Mittel und Wege, Lösungen für Probleme zu finden, und wie ich schon oft festgestellt habe, eröffnen sich mir Lösungen – manchmal auf symbolische Weise –, wenn ich das Problem in die Meditation einbaue. Auf ähnliche Weise erhalte ich in einem traumartigen Zustand Antworten. Es gab auch Zeiten, in denen ich keine Antworten erhielt. Wir alle müssen ohne Führung bestimmte Lebenserfahrungen machen, um sie wirklich verstehen zu können. Manchmal erhält man also Antworten und manchmal auch nicht. Ich habe schon Sessions mit Menschen, die hellsehen können, gemacht und dabei nichts empfangen. Wenn das geschieht, weiß ich, dass ich die Lösungen durch das Sammeln von Erfahrungen selbst finden muss.*
>
> *In der obigen Situation versuchte ich, während des Meditierens meine Zukunft anzuzapfen, um zu se-*

hen, ob ich eine Antwort erhalten würde. Doch mir kam nichts. Daher befand ich mich ungefähr zwei Monate lang beruflich in einer äußerst schwierigen Lage. Es machte mir keinen Spaß, für meinen Chef zu arbeiten, und eigentlich wollte ich kündigen. Doch ich war mit ihm befreundet und wusste nicht, wie ich die Situation ändern sollte, ohne ihn zu verletzen oder beruflich noch mehr unter Druck zu geraten.

Ich suchte damals Karlas kleines Geschäft auf, um ein Buch zu kaufen, doch als ich eintrat, begrüßte sie mich nicht freundlich wie sonst, sondern starrte wie in einer Art Trance durch mich hindurch.

Ich sah sie überrascht an und wunderte mich, was los war und ob mit ihr alles in Ordnung war. Auch wenn ich wusste, dass sie Wahrsagerin ist, hatte ich sie noch nie so erlebt.

Wie erstarrt blieb ich eine Minute lang stehen, während ihr Blick durch mich hindurchsah; es schien mir eine Ewigkeit. Erst dann sprach sie mit mir.

„Du machst dir wegen deines Jobs Sorgen, aber das brauchst du nicht", sagte sie, während sie die Augen immer noch auf die Wand hinter mir richtete.

Nur diese Worte unterbrachen die Stille. Mehr sagte sie nicht.

Dann schien sie in Gedanken wieder in die Gegenwart zurückzukommen. Sie musterte mich für ein paar Sekunden und fügte dann hinzu: „In einer Woche wirst du deine Stelle in beiderseitigem Einvernehmen kündigen und keiner wird sich dadurch verletzt fühlen. Aber für den Augenblick musst du mir einfach vertrauen und aufhören, dir deswegen den Kopf zu zerbrechen."

Das war alles. Danach war sie wieder sie selbst.

„Also wie kann ich dir heute behilflich sein, Gordon?"

Es war, als wäre nichts Außergewöhnliches geschehen.

Ich kaufte das Buch aus ihrer kleinen Sammlung spiritueller Bücher. Dann machten wir Small Talk über unsere Familien und ich kehrte in dem Wissen, dass in einer Woche alles gut sein würde, wieder an die Arbeit zurück.

Natürlich hatte sie wie meistens den Nagel auf den Kopf getroffen. In der darauffolgenden Woche fragte ein Bekannter meines Chefs ihn, ob er einen Friseur empfehlen könnte, der in einem anderen Stadtteil einen Friseursalon übernehmen könnte. Mein Chef fragte mich, ob ich an der Stelle interessiert sei, da er das Gefühl hatte, ich könnte mittlerweile meinen eigenen Salon führen. Es war eine großartige Gelegenheit.

So konnte ich gehen, ohne seine Gefühle zu verletzen, und musste nie erwähnen, dass ich nicht gern in seinem Friseursalon gearbeitet hatte. Alles war gut ausgegangen, genau so, wie Karla es vorausgesagt hatte. Und sie hatte es vorausgesagt, ohne dazu gedrängt zu werden – es war ihr einfach so gekommen.

Auch ich hatte schon viele Visionen – Klarträume, die sich umsetzten, und voraussehende Visionen von Ereignissen, die am nächsten Tag eintraten. Es handelte sich immer um Dinge, die für mich oder meine Familie von Bedeutung waren, und nie um schwere Naturkatastrophen oder Ereignisse, die die Welt verändern.

Ich glaube, jeder von uns hat irgendwelche inneren Visionen. Wir alle besitzen die Fähigkeit, Gedanken und Erinnerungen in geistigen Bildern auszudrücken, und wir alle träumen.

Versuche während deiner medialen Entwicklung Bilder, die während des stillen Meditierens vor deinem geistigen Auge auftreten, bewusst wahrzunehmen. Nimm dir die Zeit, darauf zu achten, welche Arten von Gedanken deine Aufmerksamkeit in der Meditation ablenken wollen. Gehe nicht davon aus, dass jede auftretende Vision auch eine Botschaft ist. Es braucht Zeit und Übung, um den Unterschied zu erkennen. Mitunter werden deine eigenen Erinnerungen Bilder hervorrufen; deshalb ist es wichtig, den Unterschied zwischen den eigenen Gedanken und echtem Hellsehen während der Sessions zu lernen.

Anfangs wirst du vielleicht feststellen, dass deine Gedanken immer noch stark mit Ereignissen und Situationen in deinem jetzigen Leben verknüpft sind, beispielsweise Bilder von dem Tag, den du gerade mit deiner Familie oder Freunden verbracht hast, oder Alltagsprobleme, die du zwar für den Augenblick beiseitegeschoben, aber lösen musst, oder auch Bilder von Dingen, die du dir oder für deine Angehörigen wünschst.

Wie ich festgestellt habe, findet echtes Hellsehen immer im rechten Augenblick statt. Wenn du – wie ich damals bei dem Problem am Arbeitsplatz – keine Antworten auf Fragen erhältst, die du während des Meditierens stellst, dann sieh das als „Nein“ an oder als Hinweis, dass der richtige Zeitpunkt für eine Antwort noch nicht gekommen ist. Manchmal müssen gewisse Dinge erst geschehen, damit man eine bessere Antwort erhält. In meinem Fall gab es offensichtlich keine klare Vision, als ich es selbst versuchte, doch in der Gesellschaft einer Freundin und begabten Seherin waren die Umstände perfekt, um die Antwort mit Hilfe ihrer Gabe zu bekommen. Mir war es ehrlich gesagt egal, wo die Antwort herkam; allein die Tatsache, dass sie kam, war beruhigend.

Die Nachricht, die Karla mir überbrachte, war ganz spontan und sehr präzise, aber beunruhigen Sie sich nicht, wenn Sie anfangs keine so deutliche Aussage erhalten – schließlich ist Karla ein erfahrener Profi. Lerne von Leuten, die ihre Gabe beherrschen, aber versuche nie, sie zu kopieren. Nimm dir immer genügend Zeit und gehe anfangs langsam vor. Karla ist kein Medium und hat auch nicht vor, jemals eines zu werden, doch sie ist eine großartige Hellseherin, die ihr Talent durch Üben und Engagement weiterentwickelt hat.

Achte auf deine Fähigkeiten. Wenn du hellsehen kannst, dann achte darauf, wie du die Bilder siehst, die dir erscheinen. Sind sie deutlich und scharf oder unklar und verschwommen? Sind sie schwarz-weiß oder in Farbe? Vergiss nicht: Hellsehen wird dir nicht von einem Geistführer oder geistigen Beschützer verliehen – sie nutzen nur das, womit sie arbeiten können. Wenn dein Geist also wie ein Fernsehbildschirm ist – ist er dann ein kleiner Schwarz-Weiß-Fernseher oder ein großer HD-Farbfernseher, der mit allen komplexen Grafiken ausgestattet ist? Was hast du zu bieten? Muss dein innerer Bildschirm noch besser eingestellt werden, um die Bildschärfe zu verbessern?

Als ich mich weiterentwickelte, konnte ich zwar die feinstoffliche Welt fühlen und hören, doch die Bilder vor meinem geistigen Auge waren grau und verschwommen. Daher bat ich meinen Geistführer, als unsere Verbindung stand, mir beizubringen, wie ich sie mit der Zeit schärfen könnte. Nicht, dass ich keine Momente der Hellsicht hatte, aber sie waren mit zu vielen Bildern, Symbolen und Gestalten vollgestopft, die weder für mich noch für die anderen Teilnehmer meiner Gruppe irgendeinen Sinn ergaben, als ich ihnen davon berichtete.

Vielleicht hilft es dir zu wissen, dass viele Schüler, die sich medial weiterentwickeln wollen, am Anfang verwirrende Erfahrungen machen. Das weist darauf hin, dass du nicht so achtsam bist, wie du sein musst, um die Bilder und Botschaften deiner Innenwelt zu deuten. Das Gleiche trifft womöglich auch auf deinen Alltag zu.

Wenn du feststellst, dass du nicht viele oder nur verschwommene Bilder erhältst, solltest du Achtsamkeit als eine Methode, deine Visionen zu schärfen, trainieren.

Achtsamkeit

Die folgende Übung, die mir mein Geistführer aufgab, um achtsamer zu werden, ist recht einfach:

- Ich sollte mir einen stillen Ort – zum Beispiel einen Garten oder Park – suchen, mich ruhig hinsetzen und meinen Geist genauso zur Ruhe kommen lassen, wie ich es in der Übung tue, wenn ich in der Stille sitze, nur diesmal mit offenen Augen.
- Dann sollte ich den Blick über meine Umgebung wandern lassen und mir alles so ansehen, als würde ich die Szene mit den Augen filmen.
- Wenn ich so viel wie möglich betrachtet hatte, sollte ich meine Augen schließen und versuchen, die Szene im Geist nachzuzeichnen.

Anfangs fiel mir diese Übung ziemlich schwer, da ich meine Aufmerksamkeit automatisch auf das auffälligste Detail der Szene richtete. Mir fiel es zwar leicht, auf das zu achten, was auffällig war, aber die kleineren Einzelheiten entgingen mir.

Doch je öfter ich hinausging, um Achtsamkeit zu trainieren, umso mehr nahm ich kleinere Details wahr, beispielsweise die kurvige Linie der Landschaft von links nach rechts und dass Büsche, die ich zuerst für grüne Blätterhaufen gehalten hatte, in Wirklichkeit gelb, braun und beige waren und verschiedene Grüntöne hatten.

Nach ein paar Monaten merkte ich, dass sich meine Sicht allmählich erweiterte, und das nicht nur im Park. Ich entdeckte immer mehr Details meines Alltags. Schon bald fühlte er sich ganz anders an. Der Weg zur Arbeit, den ich jeden Morgen ging, wirkte plötzlich wie eine andere Welt. Während ich zuvor blind durch die Gegend gelaufen war, begann ich nun, Plätze und Gebäude bewusst wahrzunehmen. Wie ich irgendwann feststellte, begegnete ich jeden Tag denselben Leuten an denselben Stellen, und allmählich dämmerte mir, dass ich langsam in meinem eigenen Leben präsent wurde. Ich zog mich nicht mehr in meine Gedankenwelt zurück und ließ die Außenwelt an mir vorbeiziehen – nein, ich nahm jetzt an der Welt, in der ich lebte, aktiv teil.

Auch meine Meditationsübungen wurden viel klarer und leichter zu verstehen. Wie ich merkte, hatte mein Geistführer mir noch eine Übung erteilt, die mir half, meine innere Welt zu entrümpeln. Das würde es mir sehr viel einfacher machen, mehr im Geiste aufzunehmen und mich nicht von Auffälligkeiten verwirren zu lassen. Es ließ mich erkennen, dass jedes kleinste Detail einen Sinn ergibt und von Bedeutung ist – und ich würde alles wahrnehmen.

Auf einer feinstofflicheren Ebene passierte Folgendes: Mein Geistführer wusste offensichtlich, dass ich meine hellsehende Fähigkeit in einem weitaus stärkeren Maß nutzen könnte, als ich es zu Anfang des Entwicklungskurses tat. Statt mir noch mehr verwirrende Mitteilungen zu schicken, lehrte er mich, meine visuelle Fähigkeit im Alltag zu nutzen, da er wusste, dass sie während der Meditationssessions, in denen ich Verbindung zur feinstofflichen Welt aufnahm, genauso funktionieren würde.

Das war das Erste, was ich über Hellsehen lernte: wie ich meinen Geist darauf vorbereiten kann, genau eingestimmt, visuell bewusst und achtsam zu sein. Wenn du das Medium in dir also auf die höchste Stufe, die für dich möglich ist, bringen willst, dann solltest du dich auch auf den höchsten Standard vorbereiten, dessen du fähig bist.

Hellhören

Diese Fähigkeit funktioniert ganz ähnlich wie das Hellsehen. Menschen, die hellhören können, hören Informationen oder Botschaften der feinstofflichen Welt oder über jemanden, für den sie ein Reading veranstalten. Die berühmteste Persönlichkeit, die hellhören konnte, war vielleicht Johanna von Orleans, die sagte, sie würde ihren „heiligen Rat“ hören, der aus dem Erzengel Michael, der heiligen Margareta und der heiligen Katharina bestand und der sie im 15. Jahrhundert im Kampf, den wahren König von Frankreich wieder auf den Thron zu setzen, führte.

Vor nicht so langer Zeit gab es in England das brillante Medium Doris Stokes. Viele Bücher wurden über ihre Arbeit als hellhörendes Medium geschrieben und im ganzen Land und anderen Teilen der Welt füllte sie ganze Zuschauerhallen. Manchmal bat Doris den Geistführer, mit dem sie zusammenarbeitete, ganz offen, ihr Namen und weitere Informationen zu übermitteln, die sie als Nachweise aus der feinstofflichen Welt verwenden konnte. Mir gefiel, dass sie den Zuschauern immer sagte, dass ihr Geistführer den Großteil der Kommunikationen beisteuerte und die anderen Geistwesen zu ihr brachte, wenn sie ihr Botschaften für ihre Lieben auftragen wollten. Ich glaube, wenn auch ich diese Arbeit ausführe, läuft es so.

Wie viele medial Begabte berichten, hören sie die Stimmen von Geistwesen, die ihnen Botschaften für ihre Angehörigen mitgeben. Auch ich erhalte auf diese Weise viele Botschaften und habe festgestellt, dass meine Fähigkeit des Hellhörens zunimmt, wenn ich eine starke Verbindung zu dem kommunizierenden Geistwesen fühlen kann. Nach meiner Erinnerung nahm Doris Stokes genau dasselbe wahr: Wenn sie eine starke Präsenz spürte, wurden die Stimmen lauter und deutlicher.

Mit Hilfe der Achtsamkeitsübung, die ich oben beschrieben habe, konnte ich mein Bewusstsein über das, was in der Welt um mich herum zu hören war, stärken. In den ersten Sitzungen wurde mein Geist von den Verkehrsgeräuschen auf der Straße oder bellenden Hunden überrollt, doch nach vielen Sessions begann ich allmählich, den Klang einer Brise in den Bäumen, Büschen und dem Gras zu hören, und sogar noch leisere Geräusche, wie zum Beispiel kleine Zweige, die in Hecken und Bäumen in der Ferne knackten. Geräusche, die ich nie außerhalb der Achtsamkeitsübung hätte hören können.

Die Übung stärkte auch mein hellsehendes Bewusstsein. Ich bin überzeugt, dass meine Hellsichtigkeit angeboren ist, doch wenn man seine Fähigkeiten noch verbessern möchte, sollte man offen dafür sein, das, was einem von Natur aus liegt, noch zu erweitern. So wie beispielsweise Menschen, die ein Talent für Musik oder Kunst haben, durch Übung noch besser darin werden.

Wenn du auf dein Hörvermögen achtest, hilft dir auch, den Menschen wirklich zuzuhören, die sich an dich wenden, wenn du später als Medium, Heiler oder spiritueller Berater arbeitest.

Einmal hörte ich meinen Geistführer sagen, dass ich mehr auf die Töne als auf ihre Worte achten sollte, wenn ich die Wahrheit dessen, was die Menschen sagten, hören wollte. Das kann ich total nachvollziehen – heute sogar noch mehr als damals. Wir können aus den Tönen, die wir von uns geben, eine Menge

Wahrheiten heraushören, selbst wenn unsere Worte etwas anderes aussagen.

Ich habe gelernt, dass ein Medium, das seine übersinnlichen Fähigkeiten verbessern möchte, erst sich selbst verbessern sollte, und ich habe versucht, der beste Empfänger feinstofflicher Botschaften zu werden, der ich sein kann. Wenn ich jetzt bei einem Reading die innere Verbindung zu einer Person herstelle oder mich vor einer Präsentation auf eine Gruppe einstelle, öffne ich meine Sinne völlig in beiden Welten, und meine Seh- und Hörfähigkeiten sind für den Empfang bereit, sobald ich die Präsenz des Geistwesens fühle. Was uns zum Hellfühlen bringt.

Hellfühlen

Hellfühlen ist die Fähigkeit, Geistwesen zu fühlen, die mit uns kommunizieren wollen. Statt sie zu sehen oder zu hören, spüren wir ihre Gegenwart in unserer Umgebung. Dafür nutzen wir unser schon erwähntes aurisches Bewusstsein.

Diese Methode des Fühlens kann mit unserem Geistführer in einem medialen Zirkel oder als Teil einer Übung, wie die, bei der man sich mit der aurischen Energie eines anderen verbindet, trainiert werden. Das hilft uns, die Fähigkeit, subtile Botschaften in der unsichtbaren Welt um uns herum zu spüren, zu verfeinern.

Vergiss nicht, dass es Sensitive gibt, die nur auf der übersinnlichen oder intuitiven Ebene arbeiten. Dies bedeutet, dass ihre

Sensibilität sich auf Menschen in unserer Welt beschränkt. Das ist völlig in Ordnung, wenn du deine Gabe auf diesem Gebiet am besten einsetzen kannst.

Wie ein Medium hingegen feststellen kann, beginnt es, bestimmte Dinge zu fühlen, wenn seine Fähigkeit zu fühlen akuter wird – wie beispielsweise die Persönlichkeit des kommunizierenden Geistwesens oder die durch emotionale Situationen hervorgerufenen positiven oder negativen Gefühle in seinem Leben.

Meiner Überzeugung nach ist es genauso wichtig, sensibler für die emotionalen und feinstofflichen Aktivitäten um uns herum zu werden, wie es ist, unsere anderen medialen Fähigkeiten zu entwickeln – wenn nicht sogar noch wichtiger. Eine der besten Methoden, wie du deine Fähigkeit des Hellfühlens von Anfang an stärken kannst, ist, zu versuchen, dich in einem medialen Zirkel mit deinem Geistführer zu verbinden, wie ich im letzten Kapitel erklärt habe.

Verstehen, wie deine Gabe funktioniert

Es ist wichtig, den Prozess, der in dir stattfindet, besser zu verstehen, damit du weißt, wie du deine persönliche Gabe am besten entwickeln kannst.

Beobachte das Medium in dir

Die folgende Übung ist ganz einfach und lässt dich beobachten, auf welche Weise du Informationen aus der feinstofflichen Welt erhältst. Möglicherweise setzt du Hellsichtigkeit, Hellhören und Hellfühlen in einer einzigen oder in zwei von drei Sessions ein. Besteht in dem Vorgang eine Ordnung oder ist er zufällig? Und wie funktioniert er bei dir?

Übung: Auf das Medium in dir achten

- Starte in deinem medialen Zirkel oder in deinem Sakralraum wie gewohnt, indem du den Geist zur Ruhe bringst.
- Achte bewusst auf die Atmosphäre, die dich umgibt, und beachte, wie still und ruhig sie ist.
- Mache dir bewusst, dass deine Energie nicht nur in deinem Körper ist, sondern in die Atmosphäre um dich herum ausstrahlt. Spüre die Schwingung deiner eigenen Energie, während sie sich von deinem Körper aus in alle Richtungen ausdehnt.
- Schicke einen Gedanken an deinen Geistführer und heiße ihn in deinem heiligen Raum willkommen.
- Lasse zu, dass dein Bewusstsein die Präsenz deines Geistführers und alle Zeichen, die du kennst und annehmen kannst, spürt.
- Frage ihn, wenn du dir seiner wirklich bewusst bist und sicher bist, mit ihm verbunden zu sein, ob du Informatio-

nen über dein letztes Leben in der physischen Welt bekommen kannst.

- Warte ab, um zu sehen, ob sie dir gewährt werden. Achte auf alles, was dir kommt (und achte auch darauf, dass du es nicht forcierst).
- Achte auf Bilder. Sie sind ein Hinweis dafür, dass deine Fähigkeit der Hellsichtigkeit funktioniert.
- Dasselbe gilt für Wörter oder Geräusche – sie sind ein Hinweis darauf, dass du hellhörst. Hörst du etwas?
- Achte auf deine Gefühle und Wahrnehmungen um deinen Körper herum. Nimm alles, was sich auf der körperlichen oder der emotionalen Ebene anders anfühlt, zur Kenntnis.
- Danke deinem Geistführer, wenn du dein Ziel erreicht hast, und lasse ihn deinen Raum wieder verlassen.
- Hole dich wie gewohnt in den normalen Wachzustand zurück und notiere alles, was du gesehen, gehört oder gefühlt hast, nachdem du deinen Geistführer um Informationen gebeten hast.

***

Übungen wie diese sind geeignet, um zu sehen, ob du Informationen von deinem Geistführer empfängst. Vergiss nicht: Wenn du dies schaffst, dann wird es dir auch bei anderen Geistwesen, die mit dir zusammenarbeiten wollen, gelingen, sobald du in deiner Entwicklung genügend fortgeschritten bist.

In den frühen Stadien deiner Entwicklung ist es jedoch wichtig, dich nicht zu sehr an die Techniken zu klammern. Versuche dir die Zeit zu nehmen, die du brauchst, um die Dinge sich entwickeln zu lassen, statt dein Gehirn mit zu vielem gleichzeitig vollzustopfen. Vergiss nicht: Sobald du mit deinem Geistführer verbunden bist, wird das Verständnis kommen, wenn du dafür bereit bist. Dein Geistführer wird immer für das sorgen, was du brauchst (und nicht für das, was du willst).

Während der gesamten Entwicklungszeit wirst du sehr viele sensitive Erfahrungen machen. Es kann Zeiten im Alltag geben, in denen deine Feinfühligkeit dich für emotionale Situationen in deiner Umwelt sensibilisiert. Wenn so etwas geschieht, solltest du versuchen, darauf so zu reagieren, wie du es beim Meditieren tun würdest. Versuche dann auch in Verbindung mit deinem Geistführer, solche Situationen als das zu sehen, was sie sind. Nur weil du das Gefühlschaos anderer Menschen spüren kannst, heißt das noch lange nicht, dass du darauf reagieren musst. Beobachte und verarbeite nur das, was du aufgreifst.

Wenn ich während meiner medialen Entwicklung beispielsweise im Friseursalon Kunden bediente, spürte ich mitunter, dass hinter dem, was sie mir erzählten, etwas Tieferes steckte. Da sie mich nicht gebeten hatten, ihnen als Sensitiver zu helfen, fühlte ich mich nicht dazu verpflichtet, ihnen zu sagen, was ich fühlte.

Wie Mrs. Primrose immer sagte, würde uns die mediale Entwicklung viel einfühlsamer im Alltag machen, doch wir sollten Grenzen setzen, wenn die Leute uns nicht um Hilfe oder Rat baten. Sensitiv zu sein bedeutet, dass du womöglich vieles fühlst, was andere nicht fühlen. Disziplinierte Sensitive wissen jedoch stets, wann sie nur beobachten und wann sie reagieren sollten.

Wenn dir die Entwicklung an irgendeinem Punkt zu schnell geht, dann halte einfach inne und gönne dir eine kleine Pause von der übersinnlichen Arbeit. Erde dich, indem du alltägliche Dinge tust: mit dem Hund gehen, im Garten arbeiten, das Auto waschen und so weiter. Wenn im Geist zu viel gleichzeitig passiert, ist es an der Zeit, wieder Boden unter den Füßen zu bekommen.

Psychometrie

Eine weitere gute Übung, durch die du deine Fähigkeiten ausbauen und verstehen kannst, wie deine Gabe funktioniert, ist die Psychometrie. Diese alte Methode wird von medial Begabten und Sensitiven angewandt; dabei stellt man sich auf einen Gegenstand ein, der jemandem gehört, und versucht, aus der Schwingungsenergie, die an dem Gegenstand haftet, ein Reading zu erhalten. Alle physischen Objekte haben eine Schwingungsenergie, und manchmal kann ein Sensitiver sie spüren und Gefühle und Bilder beschreiben, die in Verbindung mit der Vorgeschichte des Gegenstands oder der Menschen und Situationen stehen, die ihren „Abdruck“ hinterließen.

Übung: Lies die Schwingungen (richtig)

Diese Übung eignet sich besonders gut für Gruppensessions, da alle sie am Ende der Meditation ausprobieren können. Sie ist ganz einfach.

Jeder Teilnehmer sollte ungesehen am Anfang der Session einen persönlichen Gegenstand in einen Umschlag stecken. Dann sollte vor Beginn der Übung jeder einen Gegenstand aus dem Umschlag herausnehmen. (Vergewissere dich, dass der Gegenstand einem der anderen gehört.)

- *Halte den Gegenstand in der Hand, kläre deinen Geist und schalte so gut wie möglich die Gedanken ab.*

- *Warte nun, bis du Bilder siehst oder irgendwelche emotionalen oder körperlichen Sinneswahrnehmungen empfindest.*

***

Als ich das zum ersten Mal in meiner medialen Gruppe bei Mrs. Primrose ausprobieren sollte, war es etwas völlig Neues für mich. Ich wusste daher nicht, ob überhaupt was passieren würde, doch meine Lehrmeisterin glaubte, dass ich an dem Punkt angelangt sei, an dem ich meine mentalen Übungen ausdehnen könnte. Also probierte ich es.

Mehrere von uns sollten nun aus einem Korb, in dem Mrs. Primrose zuvor Ringe, Uhren und Ketten eingesammelt hatte, einen Gegenstand auswählen. Nachdem jeder von uns das Objekt ausgesucht hatte, das ihn ansprach, mussten wir die Augen schließen, den Geist klären und über das reden, was wir erlebten, während wir den Gegenstand in der Hand hielten.

Meine Nachbarin berichtete, dass ihre Hand ganz heiß wurde und sie eine kleine Frau sehen konnte, der das Objekt anscheinend gehörte. Sie beschrieb die Frau und sagte, sie habe das Gefühl, als hätte die Frau als Heilerin gearbeitet. Sie sei vor einigen Jahren verstorben. Ihre Hand wurde mehrmals wärmer, als sie die Frau vor ihrem geistigen Auge sah, wie sie die Hände auf andere legte, so wie es Heiler tun.

Alles, was sie berichtete, traf zu – der Gegenstand hatte einer Freundin von Mrs. Primrose gehört, die der Beschreibung ähnelte. Sie war eine Heilerin in Mrs. Primroses Kirchengemeinde gewesen und war mittlerweile verstorben.

Nun war ich an der Reihe. Ich umfasste meinen Gegenstand fester. Es war ein Anhänger an einer Kette. Sofort hatte ich die Vision eines jungen Mannes, der um die achtzehn Jahre alt war, einen Sportanzug und eine weiße Baseballkappe trug.

Das sagte ich laut, und meine Lehrmeisterin nickte zustimmend.

Dann bekam ich ein unangenehmes Gefühl im Magen. Mir war, als sei ich krank, als könnte ich nichts essen, da ich es sofort wieder erbrechen müsste.

Ich beschrieb das Gefühl, und wieder nickte Mrs. Primrose.

Daraufhin hörte ich eine innere Stimme, die „John" sagte. Nach einer kurzen Pause wiederholte die Stimme diesen Namen.

Beide Male sprach ich den Namen aus und meine Lehrmeisterin bestätigte es durch ein Nicken.

Ich dachte, ich sei nun fertig, doch dann brach es plötzlich spontan aus mir heraus. Ich sagte, John sei der Junge, den ich gesehen hatte, und dass er an einer Krebserkrankung gestorben sei, bei der er sich immer hatte erbrechen müssen. Ich war sicher, dass sein Bild in dem Anhänger war, den ich in der Hand hielt, und genauso sicher war ich mir, dass der Gegenstand seiner Mutter gehörte, die eine Bekannte von Mrs. Primrose war.

Nach meinem spontanen Redeschwall bedankte sich meine Lehrmeisterin bei mir und bestätigte, dass alles, was ich gesagt hatte, korrekt war und dass sie mit dem Reading, sehr zufrieden war.

Ich fand es ziemlich überwältigend, einen Gegenstand, den ich noch nie gesehen hatte, in der Hand zu halten und aus ihm Informationen zu erhalten. Doch wie uns erklärt wurde, gehörte diese Übung zu den ersten, die Mrs. Primrose ihre Schüler machen ließ, um zu sehen, ob sie hellsehende, hellhörende oder hellfühlende Fähigkeiten besaßen.

Zuerst hatte ich den jungen Mann im Geiste gesehen, dann hatte ich seine Krankheit gespürt, und schließlich hatte ich eine Stimme gehört, die seinen Namen sagte. Ich hatte also alle drei Elemente des inneren Mediums auf einmal erlebt. Einige andere Teilnehmer erlebten an diesem Abend das Gleiche, und man konnte auch eindeutig hören, wenn jemand nur sagte, er würde etwas sehen, hören oder fühlen.

Ich hielt es für sehr klug von unserer Lehrmeisterin, uns diese Übung zu geben und uns dabei zu beobachten. Für sie war es eine eindeutige Methode, um zu sehen, in welche Richtung sich ihre Schüler entwickelten. Heute wende ich diese Übung auch häufig bei der Arbeit mit neuen Teilnehmern an, denn sie macht es mir leichter zu erfahren, wo in ihrer Entwicklung sie sich gerade befinden und was ich tun kann, um ihnen zu helfen, ihre Gaben zu verstehen.

Psychometrie eignet sich auch gut für Schüler, die keinen medialen Zirkel haben, in dem sie meditieren. Wenn du deine Entwicklung zum Medium alleine vorantreibst, kannst du trotzdem andere bitten, dir einen Gegenstand von sich zu geben, auf den du dich einstimmen kannst. Am Ende der Meditation kannst du still mit dem Objekt dasitzen und abwarten, was dir an Bildern, Gefühlen, Wörtern usw. kommt. Schreibe alles auf und berichte dem Besitzer des Gegenstands später, was du empfangen hast. Hole dir sein Feedback, denn daran lassen sich deine Fortschritte messen.

Eine alte Methode wie die Psychometrie kann deine Sensibilität schärfen und dir helfen zu lernen, wie man Readings für andere durchführt. Meine erste Erfahrung mit Psychometrie war wohl das erste wirkliche Reading unter der Anleitung meiner Lehrmeisterin. Als ich damit fertig war, wollte ich es gleich wieder tun, doch wie mir gesagt wurde, sollte ich nicht einfach jedem, dem ich begegnete, ein Reading geben, da ich dann irgendwann verwirrt und meine Gabe ausbrennen würde. Mrs. Primrose war extrem geduldig. Sie glaubte – wie auch ich heute glaube –, dass solche Dinge erst in unserer medialen Gruppe gemacht werden und wir warten sollten, bis wir mehr Erfahrung gesammelt hatten, bevor wir auf die Öffentlichkeit losgelassen wurden.

Mein Rat an dich ist, Psychometrie als einen Teil deiner Entwicklung auszuprobieren. Wenn du merkst, dass du sehr oft richtig liegst, dann kannst du es auch an deinen Freunden austesten und es schließlich an Leuten anwenden, die ein Reading von dir haben möchten. Selbst dann ist es ratsam, den Menschen zu sagen, dass du noch dabei bist, deine Begabung zu entwickeln.

Sich Notizen machen

Wie schon erwähnt ist es ratsam, all deine Erfahrungen aufzuschreiben. Während du Fortschritte machst, hilft dir das zu erkennen, wie sich deine Gabe ausbildet.

Auch kannst du anhand der Notizen eintretende Veränderungen bei deinen Meditationen erkennen.

Es wird bei Methoden wie der Psychometrie sicher auch Momente geben, in denen Dinge auftreten, die anscheinend keine Bedeutung haben. Doch ein paar Monate – oder manchmal auch Jahre – später könntest du womöglich darauf eine Antwort finden, die vorher noch nicht da war.

> *Als ich am zweiten Entwicklungszirkel meines Lebens teilnahm, hatten wir das Glück, eine Frau in unserer Gruppe zu haben, die das, was sie während unserer Sessions empfing, zeichnete. Dies nennt sich „übersinnliche Kunst", und die Frau, meine Bekannte Dronma, gehört zu den besten Künstlern auf*

diesem Gebiet. Am Ende des Zirkels zeigte sie den anderen Teilnehmern der Gruppe ihre Zeichnungen, und es faszinierte uns alle, wie sie Bilder umsetzte, die wir während unserer Meditationen empfangen hatten.

Eines Abends erzählte zum Beispiel eine Teilnehmerin, sie habe die Vision einer katholischen Nonne gehabt, die ein weißes Ordenskleid anhatte und sehr jung aussah. Dronma konnte das Bild einer jungen Novizin vorzeigen, die genau so ein Ordenskleid trug. Solche Phänomene kamen in dieser medialen Gruppe häufig vor.

Auf der letzten Zeichnung, die Dronma uns an jenem Abend zeigte, war ein Hund zu sehen, doch keiner der Gruppe hatte irgendeinen Bezug zu ihm und niemand hatte dieses Bild während unserer Session empfangen. Immer wenn niemand eine Verbindung zu einer Zeichnung hatte, datierte Dronma das Bild und hob es für später auf.

Neun Monate später wurde ich gefragt, ob ich einen misshandelten Hund aufnehmen würde. Da ich Hunde liebe, musste ich ihn mir wenigstens ansehen, aber ich wusste gleich, dass es dann um mich geschehen wäre, denn wenn ich einen hilflosen Hund sehe, muss ich ihn einfach retten. Und das tat ich auch.

In der darauffolgenden Woche nahm ich den Hund mit in die Gruppe. Alle verliebten sich in ihn. Wir liebten es, wenn er während unserer Meditation einschlief und dann wieder um uns herumwuselte, wenn wir die Übung beendet hatten. Doch erst als Dronma der Gruppe ihre Zeichnungen zeigte, meinte ein Teilnehmer: „Sieht der Hund nicht irgendwie so aus wie der, der vor ein paar Monaten hier im Zirkel aufgetaucht ist?"

Wir sahen unsere mediale Künstlerin an und sie blätterte in ihrem Block zurück, bis sie die Zeichnung von dem Hund fand. Es war erstaunlich, denn sie hatte nicht nur die korrekte Hunderasse gezeichnet – einen Springer Spaniel –, sondern sogar sein Halsband und das dekorative Fässchen, das an seinem Halsband gebaumelt hatte, als ich ihn zu mir holte.

Und das war noch nicht das Ende der Geschichte, denn als wir das Datum der Zeichnung prüften, war es der 8. Dezember 1995. Das war das Geburtsdatum meines Hundes. Ich kannte es auswendig, weil ich kurz vor der Session seine Unterlagen von seinem früheren Tierarzt bekommen hatte, auf denen sein Geburtsdatum eingetragen war. Und hier stand es nun auf Dronmas Zeichnung.

Wie du siehst, ist es ganz wichtig, alles festzuhalten, was in deinen Übungssessions geschieht. Egal wie trivial es auch wirken mag – es ist dir oder einem anderen in deinem medialen Zirkel wahrscheinlich aus einem bestimmten Grund in den Sinn gekommen. Auch wenn es erst bedeutungslos scheint, gibt es in der feinstofflichen Welt keine Zeit, und das Medium in dir kann auch über die Zeiten hinaus arbeiten. Notiere daher alle Ereignisse, da du nie wissen kannst, wann sie dir oder einem anderen in deiner Gruppe als wertvolle Informationen dienen können.

Die Demonstration in der Kraft

Die feinstoffliche Kommunikation findet statt, wenn der Verstand beiseitegeschoben werden kann und sich die unglaubliche Kraft des Geistes in jeder Hinsicht – hellsehend, hellhörend und hellfühlend – entfalten kann. Wenn du an einen Punkt gelangst, an dem es dir egal ist, wie es funktioniert (du jedoch weißt, dass es funktioniert), dann arbeitest du wirklich in der Kraft des Geistes. Das ist der Punkt, an dem du sicher sein kannst, dass sich die vielen Jahre der Vorbereitung und Entwicklung gelohnt haben.

> *Vor kurzem arbeitete ich in der schönen mittelalterlichen Stadt Regensburg in Bayern, wo ich gebeten wurde, im Gemeindesaal eine öffentliche Präsentation als Medium abzuhalten. Die Veranstaltung war gut besucht und viele meiner Workshop-Teilnehmer brachten ihre Partner und Verwandten mit.*

Bei meiner Arbeit in Deutschland habe ich immer einen Dolmetscher dabei, da ich nur sehr wenig Deutsch spreche und die Zuschauer mehr davon haben, wenn sie alles klar und deutlich in ihrer Muttersprache hören können. Wie die Dolmetscher, mit denen ich zusammenarbeite, mir immer wieder bestätigen, fühlen sie meistens eine Verbindung zu mir, sobald sie meine Worte übersetzen, und visualisieren sogar, was ich sage, vor allem, wenn ich Hellsichtigkeit einsetze.

An jenem Abend bereitete ich die Zuschauer erst mit einer kurzen Einführung auf meine Präsentation vor. Dies ist vor allem für Leute hilfreich, die noch nie einem Medium bei der Arbeit zugesehen haben, sowie für Skeptiker, die das Leben nach dem Tod anzweifeln. Auch stelle ich meine Arbeit gerne am Anfang vor, denn es beruhigt die Menschen zu hören, dass daran nichts Mystisches oder Unheimliches ist, dass ich hauptsächlich Informationen erhalte, die ich an die Zuschauer weitergebe, dass es sich im schlimmsten Fall wie eine Unterhaltung zwischen den beiden Welten anhört und ich nur der Berichterstatter bin.

Ein weiterer Grund, weshalb medial Begabte vor Beginn der eigentlichen Arbeit zuerst zu ihren Zuhörern sprechen, ist, damit sie die Kraft um sich herum aufbauen und sich in die feinstoffliche Welt einklinken können. Es ist äußerst schwierig, aus dem Stehgreif heraus eine Präsentation zu liefern, und die kurze Einführung wirkt entspannend, bis die Energie sich auf dem richtigen Niveau befindet, auf dem sie sich mit der feinstofflichen Welt verbinden kann.

An diesem Abend nahm ich zuerst Verbindung zu einem Mann auf, der hinten im Saal saß. Ich sagte ihm, dass sein Vater bei mir sei, dass er Herr Müller hieß und vor drei Jahren an einem Herzinfarkt gestorben war. Der Empfänger dieser Botschaft verstand alles klar und deutlich.

Da das Element des Hellfühlens mich in diesem Fall unterstützte, spürte ich zuerst nur die Gegenwart des Verstorbenen, doch dann hörte ich eine Stimme am Ohr, die seinen Namen sagte. Das zeigte mir, dass auch das Hellhören im Spiel war. Daraufhin beschrieb ich, wie der Verstorbene als junger Mann ausgesehen hatte, und nannte noch zahlreiche andere Details über Orte, an denen er in seinem irdischen Leben gelebt hatte. Am Ende der Botschaft übernahm also meine Fähigkeit der Hellsicht.

Während einer öffentlichen Präsentation schert sich das Medium nicht darum, wie ihm die Informationen überbracht werden. Wenn sie korrekt sind, fühlt sich das Ganze einfach nur spontan und wie selbstverständlich an. Ich mache mir ehrlich keine Gedanken, was gerade passiert, vor allem, wenn ich spüre, wie die Kraft zunimmt. Es fühlt sich an, als würde ich in einer Blase aus elektrischer Energie sitzen, die von einem fernen Ort irgendwo über mir gelenkt wird.

Mein Empfänger in Regensburg schien über die Botschaft seines Vaters aus dem Jenseits sehr glücklich zu sein. Mir hilft ein erster Kontakt wie dieser, die Kraft noch weiter aufzubauen und die Verbindung für den nächsten Kontakt noch sehr viel stärker zu machen.

Mit zunehmender Energie fühlte ich, wie ich nach rechts gedreht wurde. Ich wählte einen Mann in der ersten Reihe aus, der circa Ende dreißig war. Er saß mit verschränkten Armen und borniertem Blick da – der typischen Körperhaltung des skeptischen und ungläubigen Zuschauers. Als ich ihn ansprach, setzte er sich kerzengerade auf und sein Gesichtsausdruck wurde noch abweisender.

Sofort hörte ich die Stimme einer Frau, die mir sagte, dass sie erst vor kurzem an Krebs gestorben sei, und ich hörte das Wort „Mutter" ganz nahe an meinem linken Ohr. Auch diesmal arbeitete ich mit Hellhören, und das hielt für den Großteil ihrer Bot-

schaft an. Die Frau war tatsächlich die Mutter des Mannes, und als sie ihm den Sprung mit dem Fallschirm vorhielt, den er eine Woche zuvor gemacht hatte, musste er wohl widerwillig davon ausgehen, dass ich aus einer unbekannten Quelle persönliche Informationen über ihn bekam.

Am Ende der Botschaft saß er mit offenem Mund auf der Stuhlkante, stützte das Kinn mit einer Hand ab und hielt sich die andere Hand aufs Herz. Die Nachricht war offensichtlich sehr persönlich und berührte ihn zutiefst. Was mich betraf, so berichtete ich nur die Einzelheiten, die ich empfing, und da sie fast ausschließlich durch Hellhören hereinkamen, wirkte das Ganze spontan und geradeheraus.

Im Laufe des Abends hörte ich Namen deutscher Straßen und Orte, die mir vollkommen fremd waren. Ich gab sie nur weiter, und mein Dolmetscher wirkte ein wenig geschockt, weil er manche dieser Ort noch nie gehört hatte. Es schien ihn zu amüsieren, wie deutlich ich sie aussprechen konnte.

Am Ende der Präsentation sagte er mir, er hätte schwören können, dass er dieselben Informationen gehört hatte wie ich, als sie immer lauter und deutlicher geworden waren. Er berichtete auch, mehrmals Bilder der Verstorbenen, die ich beschrieben hatte, gesehen zu haben. Er wunderte sich, wie das sein konnte.

Ich erklärte ihm, dass er sich in derselben Kraftblase wie ich befunden hatte, weil er dicht neben mir gestanden hatte. Und er war nicht der einzige Dolmetscher, mit dem ich zusammengearbeitet habe, der mir gesagt hat, dass er eine Verbindung zu dem medialen Prozess gespürt habe.

Nach dieser Veranstaltung in Süddeutschland kamen viele der Zuschauer auf mich zu und fragten mich, woher ich die Namen kaum bekannter deutscher Straßen und Orte hätte. Wieder andere wollten wissen, wie ich die Namen gehört hatte und so genau beschreiben konnte, wie und wo die Menschen gelebt hatten und gestorben waren.

Doch das wichtigste Gespräch an diesem Abend war das mit dem Mann, dessen Mutter sich gezeigt hatte. Er gab zu, als überzeugter Skeptiker zu meiner Veranstaltung gekommen zu sein, doch er hatte nicht nur Beweise erhalten, sondern für einen Augenblick sogar die Gegenwart seiner Mutter gespürt, während ich gesprochen hatte. Daher wusste er jetzt, dass es wirklich ein Leben nach dem Tod gibt.

Jedem Medium hilft diese Art der Bestätigung, den eigenen Glauben an die feinstoffliche Welt zu stärken, und es zeigt, dass Vertrauen zu den stärksten Elementen gehört, die man für die Arbeit in der Öffentlichkeit braucht. Zwar lassen sich alle technischen Details im Entwicklungszirkel erarbeiten, doch bei öffentlichen Veranstaltungen muss man in der Kraft arbeiten, auf sie vertrauen und loslassen. Schafft man das, kann man vielen Menschen helfen und vielleicht sogar ihre Sicht des Lebens ändern.

Medial Begabte nennen sich häufig Hellseher und Ähnliches. Doch meines Erachtens ist das nur von Bedeutung, wenn die Arbeit wirklich getan ist. Wenn du dich richtig weiterentwickelst, kannst du sämtliche medialen Fähigkeiten aus dir herausholen, wenn du in der Kraft arbeitest und darauf vertraust, dass dein Geistführer die Botschaften an dich weitergibt.

Kapitel 6
Die Arbeit im medialen Zirkel

Die Entwicklung in einem medialen Zirkel ist ein großer Teil meines Lebens, denn das tue ich schon seit über dreißig Jahren – mehr als die Hälfte meines Lebens.

Vor kurzem unterhielt ich mich mit einem jungen Medium. Der Mann konnte nicht glauben, dass ich immer noch in meiner Gruppe meditiere. Wie er erzählte, war er seit einem Jahr in einem Zirkel und hatte den Eindruck, genug über die feinstoffliche Welt gelernt zu haben. So wie er denken viele. Ich hingegen hatte noch nie das Gefühl, als sei meine Entwicklung abgeschlossen. Ich glaube, sie dauert ein Leben lang an, und deshalb werde ich, solange ich kann, in einem medialen Zirkel sitzen.

Wenn ich mir überlege, was eine Gruppe für medial Begabte – oder auch sonst alle, die gerne meditieren und ihr Bewusstsein weiterentwickeln wollen – bedeutet, dann würde ich sagen, dass es vor allem ein Ort ist, an dem Gleichgesinnte zusammenkommen. Wenn man das Gefühl hat, verwirrt zu sein oder im Leben nicht mehr weiterzukommen, dann findet sich in der Gruppe immer jemand, mit dem man reden oder sich austauschen kann.

Das ist für mediale Schüler eine tolle Sache, weil man sich meist in ganz alltäglichen Jobs befindet, in denen sich die Kollegen nie über spirituelle Dinge unterhalten, und man ist Teil einer Familie, die nicht an so etwas glaubt. Wenn man niemanden hat, mit dem man sich austauschen kann, ist das oft eine schwierige Situation.

> *Ein Heiler in Mrs. Primroses Kirchengemeinde erschien jeden Dienstagabend in unserer Heilklinik. Zuerst merkte ich gar nicht, dass er immer eine Sporttasche mitbrachte. Erst nachdem wir uns ein paar Mal unterhalten hatten, erzählte er, seine Familie glaube, dass er jede Woche für ein paar Stunden ins Fitnesscenter ginge. Man darf wohl sagen, dass das Heilen, das er hier durchführte, in gewisser Weise eine spirituelle Fitnessübung war!*
>
> *Wie er mir einmal berichtete, arbeitete er seit über vierzig Jahren als Heiler, ohne dass seine Frau und Kinder etwas von diesem anderen Leben ahnten. Er sagte, er könne keinem medialen Zirkel beitreten, da er sich nicht zu etwas verpflichten wolle, für das er sich nicht wirklich engagieren könne.*

Der Mann erinnerte mich daran, dass das Engagement, das man braucht, wenn man sich dem Geist verpflichtet, keine halbe Sache sein darf. Ich engagiere mich gerne und bleibe weiterhin in einem Zirkel, um mich mit der feinstofflichen Welt zu verbinden, von ihr geführt und ausgebildet zu werden. Jedes Mal, wenn ich an dieser wundervollen Quelle sitze, lerne ich wieder etwas Neues dazu. Ich hoffe, in Zukunft mehr über die jüngsten Lehren und Phänomene der feinstofflichen Welt weiterzugeben, doch wir stehen erst am Anfang unserer Reise, daher muss dies warten. Aber ich glaube, sagen zu können, dass ich sogar nach dreißig Jahren der Verbindung mit meinen Geistführern in der Gruppe immer noch eine Menge lernen muss und immer noch aufregendes neues Material empfange.

Offene und geschlossene Zirkel

Mein allererster medialer Zirkel in Mrs. Primroses Spiritisten-Kirche in Glasgow stand der Öffentlichkeit offen; es war also ein „offener" Zirkel – im Gegensatz zu einer privaten Gruppe, in der man sich aussuchen kann, mit wem man zusammensitzen möchte; dies ist ein „geschlossener" Zirkel. Im offenen Zirkel können jede Woche neue Teilnehmer dabei sein, obwohl ich in all den vielen Jahren immer einen Kern von Gleichgesinnten vorfand, die regelmäßig daran teilnahmen.

Wie alles im Leben hat ein offener Zirkel seine Vor- und Nachteile. Für mich ist das Positive daran die Tatsache, dass man alle möglichen Menschen kennenlernt und es immer gut ist, mit einer neuen Energie zu arbeiten, auch wenn das chaotisch klingen mag. Offene Zirkel scheinen eher in Bewegung zu sein als zu ruhen, doch „der Geist kann sich überall entwickeln", wie meine Lehrmeisterin immer sagte.

Das ist absolut richtig, und auch wenn ich damals noch keinen Vergleich hatte, hielt ich meinen ersten Zirkel für vollkommen. Das Kommen und Gehen neuer Gruppenmitglieder bekam ich kaum mit, und aufgrund meiner eigenen regelmäßigen Teilnahme gehörte ich bald zur Kerngruppe. Wir steuerten der Bewegung um uns herum Stabilität bei. Wir waren irgendwie eine Familie – oder es herrschte zumindest Vertrautheit –, und ich glaube, es ist dieses Gemeinschaftsgefühl in einer Gruppe, das ihr Energie gibt. Selbst in diesem offenen Zirkel herrschte ein starkes Zusammenspiel unter den Kernmitgliedern, und ich konnte mich glücklich schätzen, von der Gruppe aufgenommen worden zu sein.

Wenn du auf deiner medialen Reise einen offenen Entwicklungszirkel findest, solltest du herausfinden, ob er für dich das Richtige ist. Offene Zirkel ermöglichen es einem, die Erfahrungen auszuprobieren, bevor man sich stärker verpflichtet.

Der andere Vorteil des offenen Zirkels ist, dass er normalerweise viel größer als ein geschlossener oder privater Kreis ist. Mindestens zwanzig von uns kamen immer in Mrs. Primroses Gruppe und an manchen Abenden nahmen vierzig bis fünfzig Leute daran teil.

Wenn du nicht gern in großen Gruppen meditierst, dann ist das für dich vielleicht nicht das Richtige. Doch auch wenn unser offener Zirkel manchmal sehr groß war, habe ich in dieser Gruppe wirklich viel gelernt. Ich halte mich für einen geselligen Menschen und mir hat es immer gefallen, wenn neue Gesichter dabei waren.

Außerdem lernte ich in der frühen Entwicklungsphase Disziplin in einer so großen Gruppe. Häufig waren Teilnehmer dabei, die nicht zur Ruhe kamen und die Session störten, aber wenn man seinen Geist ins Gleichgewicht bringen kann und nicht zulässt, dass das tiefere Denken hochkommt, dann kann man sicher sein, in einem guten inneren Raum zu ruhen.

Kürzlich war ich mit Steven in Deutschland, wo eine unserer neuen Teilnehmerinnen uns erzählte, dass ihr das Meditieren sehr schwerfalle, weil sie eine Uhr ticken höre. Ich wünschte, sie hätte in unserem großen Zirkel gesessen, in dem eine ständige Geräuschkulisse herrschte. Manchmal hätte man noch nicht einmal ein Schiffshorn gehört!

Das Problem der Teilnehmerin war, dass sie zwar die Uhr ticken hörte, aber nicht die mentale Disziplin hatte, den Rhythmus des Tickens für sich zu nutzen. Das zeigte auch, dass sie sich in ihrem inneren Raum leicht irritieren ließ. Das war übrigens weder „richtig“ noch „falsch“, sondern nur ihre persönliche Reaktion. Ein Meditierender muss jedoch seine Reaktionen wahrnehmen und daran arbeiten.

Die Wichtigkeit eines medialen Zirkels

Auf dem Entwicklungsweg gibt es vieles, was man über sich lernen muss. Ich glaube, jede Chance, die wir uns selbst geben, bringt ihre eigenen Belohnungen mit sich. In meinem ersten Zirkel bestanden meine Belohnungen aus den vielen Erkenntnissen, die ich gewann, und den vielen echten Freunden, die ich dort traf. Nachdem unsere Lehrmeisterin in die feinstoffliche Welt übergegangen war, gründeten wir zu sechst unseren eigenen privaten Zirkel. Das war der Anfang einer ganz anderen Art medialer Entwicklung für uns.

Für Anfänger ist es wichtig, einem medialen Zirkel wenigstens eine Chance zu geben. Viele Leute glauben, dass medial Begabte und Heiler früher deshalb so gut waren, weil sie sich ihrer medialen Gruppe und der feinstofflichen Welt so verpflichtet fühlten. Wie ich zugeben muss, denke ich mittlerweile auch so, da ich schon vielen medial Begabten und Heilern begegnet bin, die mit viel Elan und Ehrgeiz den medialen Weg eingeschlagen haben, nur um ihren spirituellen Eifer zu verlieren, wenn ihnen das mediale Leben nicht das gab, was sie sich davon erwartet hatten. Meiner Meinung nach haben Menschen, die sich in langjährigen Zirkeln weiterentwickeln, eine längere mediale Lebensdauer. Wären sie bei der Olympiade, so würden sie wohl vierzig Jahre lang Bronze gewinnen statt einmal eine Goldmedaille.

Es wird zwar immer unterschiedliche Meinungen geben, doch meines Erachtens ist die engagierte Teilnahme an einer spirituellen Gruppe ganz wichtig. Genauso wichtig ist es, jede Woche pünktlich zu meditieren. Ich sage „Woche“, weil mein Zirkel sich einmal in der Woche traf, doch du könntest auch an mehr Sessions teilnehmen, wenn du das Bedürfnis dazu hast. Ich lasse zwischen zwei Sitzungen immer gerne eine Woche vergehen, um zu verarbeiten, was ich im Geist und in meinem Leben erlebt habe, und nach meinen Erfahrungen kann man den Geist nicht ständig mit spirituellen Gedanken vollstopfen – er kann Neues nur langsam aufnehmen.

Für mich ist der Zirkel wie eine Batterie, die hilft, unsere Signale in die feinstoffliche Welt zu verstärken. Sie fühlt sich oft an wie ein Lichtstrahl, der den Geist auf eine heller erleuchtete Ebene bringt.

Zu den wichtigsten Eigenschaften eines Zirkels sollte gehören, dass es ein Ort des reinen Mitgefühls ist. Ich betrachte meine mediale Gruppe oft als das obere Dreieck in dem Diagramm, das ich anfangs vorstellte. Der Zirkel ist der Ort, an dem wir Liebe und Freundlichkeit finden, und diese Qualitäten werden immer stärker, weil wir immer anbieten, sie mit anderen zu teilen.

Ich werde nie vergessen, wie Mrs. Primrose uns lehrte, wann immer wir eine mediale Verbindung zu unserem Geistführer hatten, an jemanden zu denken, der Hilfe oder Heilung brauchte – jemanden, den wir persönlich kannten oder von dem wir gehört hatten, dass er gerade eine schwierige Phase im Leben durchmachte. Wie sie glaubte, ist einer der Gründe, warum wir Geistführer haben, der, dass sie uns Mitgefühl lehren. Am Ende einer jeden Sitzung widmete sie die von der Gruppe aufgebaute Energie Menschen, die weniger glücklich dran waren als wir. Es waren Gesten wie diese, die mir den Wert unseres Zirkels bewiesen; sie gaben mir das Gefühl, dass wir etwas Gutes bewirkten. Durch dieses Gefühl kann das Bewusstsein sich aufhellen und sich ausdehnen.

Die Entwicklung in einem medialen Kreis erweitert immer den Geist und lässt uns uns selbst und die feinstoffliche Welt um uns herum bewusster wahrnehmen. Wir wissen, wir leben in einer Welt voller Schmerz und Leid, doch wenn wir die Dinge aus einem Zustand der höheren Schwingung betrachten können – so wie Geistwesen es tun –, dann verstehen wir sie besser und erkennen zugleich, wie wir etwas bewirken können.

Mein erster privater Zirkel

Als ich meinen ersten privaten Zirkel gründete, hatte ich mich schon seit sieben Jahren medial weiterentwickelt. Ich hatte von Mrs. Primrose das Heilen gelernt, und sie hatte mir geholfen, wie ich das Medium in mir besser verstehen und anwenden kann. Wie schon erwähnt glauben vielc medial Begabte an diesem Punkt, nun die Ausbildung abschließen zu können, doch für mich war meine Weiterentwicklung nie so etwas wie eine Schule, sondern mehr wie eine Lebensart. Und mir war klar, dass es für mich noch viel mehr zu lernen gab.

Mein erster privater Kreis bestand aus sechs engen Freunden. Wenn du deinen eigenen Zirkel gründen willst, solltest du auf alle Fälle die anderen Mitglieder gut kennen und ihnen vertrauen können, vor allem, wenn der Zirkel bei dir zu Hause stattfindet, wie es bei meinem der Fall war.

Wir beschlossen, uns regelmäßig zu treffen, um einen spirituellen Raum zu schaffen, in dem wir die Kraft stärken könnten, die zur Kontaktaufnahme mit unseren Geistführern benötigt wurde.

Zuerst saßen wir nur da und hielten uns an den Händen. Dann eröffnete ich den Kreis mit einer Ansprache – einer Art Gebet – an die feinstoffliche Welt. Mit so einer Eröffnungsrede zollt man der feinstofflichen Welt Respekt; auch dient sie als Mittel, den Geist aller Anwesenden auf den Zweck des Zirkels – die Verbindung zur feinstofflichen Welt – zu richten.

Nach der Eröffnung legten wir die Hände entspannt in den Schoß, brachten unseren Geist zur Ruhe, saßen in der Kraft und baten dann unsere Geistführer, sich mit uns zu verbinden, damit wir ihre Kraft fühlen konnten.

Bei diesen Sessions erhielten manche von uns Botschaften für andere Menschen oder für Freunde und Verwandte. Wenn das geschieht, verdeutlicht es, welche Teilnehmer deines Zirkels hellsehende, hellfühlende und andere übersinnliche Fähigkeiten besitzen.

Am Ende der Session konzentrierten wir unsere Gedanken mit der Absicht, Heilung an alle, die sie brauchten, zu schicken. Das hatten wir von Mrs. Primrose gelernt. Ganz am Schluss stellten wir alle fest, dass unser Atem tiefer und in vollkommener Harmonie mit dem der anderen war. Die Wahrnehmung dieses synchronisierten Atmens brachte uns wieder zurück in den Raum, so dass wir die Augen wieder öffneten.

Telepathie

Wie ich schon erwähnte, ist es in jeder medialen Gruppe ganz wichtig, dass die Teilnehmer ihre individuellen Erfahrungen am Ende der Session austauschen. Wenn du mit einer kleinen Gruppe aus Freunden zusammensitzt, stellst du womöglich fest, dass mehrere die gleiche Vision oder dasselbe Gefühl erlebt haben. Wenn so etwas regelmäßig geschieht, macht dich das offen dafür, über die Ursache nachzudenken.

Und wieder ist Telepathie die Antwort. Sie wird aktiviert, wenn ein Band zwischen den Gruppenteilnehmern entsteht. Wie wir in meinem Zirkel feststellten, begannen wir alle nach dem ersten Jahr, uns jede Woche auf fast genau dasselbe einzustimmen. Das zeigt, wie erstaunlich stark die Telepathie zwischen uns wurde.

Vergiss nicht: Telepathie ist die Sprache der feinstofflichen Welt. Wie wir als Gruppe lernten, hatten unsere Geistführer einen Weg gefunden, wie sie uns ihre gesamte unsichtbare Sprache beibringen konnten. Telepathie ist eine Form der Kommunikation, bei der es mehr um Fühlen und Spüren als um Worte geht, und es fühlte sich so an, als würde ein Geistwesen in unseren Zirkel kommen und jeder von uns würde ihn auf seine eigene Weise spüren. Sandra zu meiner Rechten konnte es sehen und sein Äußeres beschreiben, während ihre Nachbarin Christine schilderte, wie es sich in Hinsicht auf Größe, Gewicht usw. während seines Lebens in der physischen Welt anfühlte. Ich hingegen hörte häufig eine Art von Gespräch im Kopf, das nicht aus Worten, sondern eher aus Gefühlen bestand, die das Gesagte ausdrückten.

Während wir alle unsere Informationen weitergaben, schrieb Jackie sie in unser Gruppentagebuch, das für unseren Zirkel sehr wichtig war.

Am Ende einer Session zeigte unsere Künstlerin Dronma uns ihre Zeichnungen und verglich unsere Erkenntnisse mit ihren eigenen. Sie war eine große Bereicherung für unsere Gruppe.

> *Ich werde nie den Abend vergessen, an dem wir alle wie immer im Kreis in meiner Wohnung saßen, doch aus irgendeinem Grund unruhig waren. In all den Jahren, in denen wir miteinander meditiert hatten, war das noch nie vorgekommen. Wir öffneten alle gleichzeitig wieder die Augen und sahen uns fragend an. Es war, als würden wir darauf warten, dass etwas passierte. Und sobald wir das gedacht hatten, passierte es: Es klingelte an der Haustür.*
>
> *Wie uns klar wurde, wäre es zu diesem Zeitpunkt nicht das Beste gewesen, in unserer Kraft zu meditieren, als das passierte, und so waren wir sehr erleichtert. Wenigstens hatte die Telepathie zwischen alle im selben Augenblick zurückgeholt.*
>
> *Wir lächelten uns zu und sahen Jim an, der eigentlich die Aufgabe hatte, vor jeder Session die Batte-*

rie aus der Klingel zu entfernen und das Telefon auszustöpseln. Diesmal hatte er es vergessen.

Damals wohnte ich in einer Souterrainwohnung einer Spiritistengemeinde in Glasgow und der Besucher wollte wohl ein Kirchenmitglied sprechen. Die Kirche war schon zu und daher gingen wir nicht zur Tür. Es klingelte noch dreimal, aber wir setzten uns nur wieder hin.

Wir saßen noch eine Viertelstunde da, doch wir fühlten deutlich weniger Energie als sonst. Manchmal war das der Fall und dann fokussierten wir uns gewöhnlich auf Hellsicht. Es würde also interessant werden, am Ende der Sitzung Informationen auszutauschen.

Sandra fing damit an. Wie sie sagte, hatte sie eine ältere Frau in einem Kamelhaarmantel gesehen, die einen bunten Schal trug. Sie beschrieb auch die Frisur, das Gesicht und andere äußere Details der Frau.

Als wir uns im Kreis austauschten, wurde immer deutlicher, dass die Frau mit uns allen Verbindung aufgenommen hatte. Als ich an der Reihe war, berichtete ich, dass ich den Namen „Mrs. Wallace" und dann den Vornamen „Agnes" gehört hatte, und den Eindruck hatte, dass es einen Bezug zwischen den Namen und der Frau gab.

Als Dronma dann ihre Zeichnungen herumgehen ließ, waren wir alle total verblüfft. Sie hatte die von Sandra Beschriebene gezeichnet: eine Frau mit dünnem, welligem weißem Haar, die einen hellbraunen Kamelhaarmantel trug – nur lag die Frau in einem Sarg.

Wir hatten alle das starke Gefühl, dass die Person, die geklingelt hatte, irgendeine Verbindung zu dieser Frau haben musste. Das Gefühl der Telepathie war so überwältigend, dass wir davon überzeugt waren, eine Nachricht auf dem Anrufbeantworter der Kirche vorzufinden. Es war so ein Augenblick, in dem wir alle wussten, was als Nächstes geschehen würde.

Wir gingen zum Telefon, das im Flur untergebracht war, und sahen, dass Jim es zumindest ausgestöpselt hatte. Dennoch blinkte der Anrufbeantworter.

Als wir die Nachricht abhörten, hörten wir eine erregte Frauenstimme sagen: „Hallo, ich versuche jemanden in der Kirche zu erreichen. Ich brauche einen spiritistischen Pfarrer für die Beerdigung meiner Mutter. Kann mich bitte jemand unter dieser Nummer zurückrufen?“

Ich rief die Nummer an und sie sagte, sie sei zur Seitentür der Kirche gegangen, doch niemand habe aufgemacht und deswegen habe sie die Nachricht auf dem Anrufbeantworter hinterlassen.

Unsere ganze Gruppe hatte dasselbe sichere Gefühl, dass die Mutter der Frau uns an diesem Abend aufgesucht hatte, und obwohl ihre Tochter niemanden erreicht hatte, hatte sie uns erreicht.

Ich fragte die Frau, ob sie wie ihre Mutter Spiritistin sei und an ein Leben nach dem Tod glaube. Sie sagte ja, und deshalb fand ich es richtig, ihr zu berichten, was sich an diesem Abend in unserem medialen Zirkel ereignet hatte.

Zu sagen, es hätte sie überrascht, wäre untertrieben. Es war erstaunlich: Ihre Mutter hatte Agnes Wallace geheißen und sie hatte schon entschieden, die Mutter in ihrem Kamelhaarmantel und Schal zu beerdigen, da sie beides so gern getragen hatte. Auch alle anderen Einzelheiten, die uns im Zirkel gekommen waren, stimmten, und insgesamt hinterließ es bei allen Beteiligten ein gutes Gefühl.

Wenn ich mich an diese Geschichte unserer medialen Gruppe vor so vielen Jahren erinnere, ruft mir das die Energie, in der wir jede Woche saßen, wieder ins Gedächtnis. Es war eine tolle Gruppe, und unsere Verbindung zur feinstofflichen Welt wurde immer stärker, je länger wir zusammen waren. Eine so mächtige Verbindung verwandelt den Glauben an die feinstoffliche Welt in absolute Sicherheit und Vertrauen. Ich verstehe ehrlich nicht, warum manche Leute ihre Entwicklung überhaupt irgendwann beenden wollen und glauben, sie wären am Ende angekommen.

Das enge Band, das wir in diesem Zirkel geknüpft haben, ist immer noch da, und auch wenn wir alle heute ein anderes Leben führen und verschiedene Richtungen eingeschlagen haben, besteht immer noch eine erstaunlich starke telepathische Verbindung zwischen uns. Jeder von uns nimmt regelmäßig an einem medialen Zirkel teil, wenn auch nicht mehr in unserer alten Gruppe, und wir lassen einander immer noch wissen, wenn wir Heilgedanken brauchen oder wenn irgendjemand Hilfe braucht. Ich vermute, unsere Zirkel haben sich erweitert, und durch die Liebe und Telepathie, die unter uns besteht, können wir weit weg voneinander sein und unser kleiner Zirkel wächst dennoch immer mehr.

Die Kommunikation im medialen Zirkel

Über die Jahre erhielt ich einige unglaubliche Botschaften aus der feinstofflichen Welt, wenn ich in einem medialen Zirkel meditierte. Manchmal empfängt ein Medium in der Gruppe etwas, und andere erhalten Nachweise, die das untermauern und die Richtigkeit der Informationen bestätigen.

Es überrascht mich immer noch, wie stark die übersinnlichen Mitteilungen sein können, wenn unter den Teilnehmern eines

Zirkels Harmonie besteht. Als Einzelner überbringe ich Zehntausenden Botschaften, aber wenn ich im Kreis meiner Freunde bin, wirkt die Kraft irgendwie stärker und die Botschaften scheinen weitaus klarer zu sein.

Mir ist klar, dass nicht jeder Zugang zu einem guten privaten Zirkel haben kann, doch wenn es dir möglich ist, solltest du wirklich die Chance nutzen, als Gruppe zusammenzuarbeiten, statt nur deine eigene Entwicklung voranzutreiben.

Als langjähriges Team hat mein jetziger medialer Zirkel viele wichtige Botschaften für Personen in unserer Gruppe übermittelt und genauso viele für Menschen, die nicht Teil unseres Zirkels sind, aber eine Verbindung zu einem von uns haben.

> *Bei einer Gelegenheit saß unsere Gruppe in stiller Meditation zusammen, ohne irgendwelche Erwartungen an die Session zu haben. Wir schickten nur unsere Gebete und guten Absichten an Leute, von denen wir wussten, dass sie Probleme oder jemanden verloren hatten. Während wir still dasaßen, sinnierten und darauf warteten, unsere Geistführer zu spüren, fühlten wir alle – ohne es zu wissen – dasselbe in der Atmosphäre.*
>
> *Ich spürte die Gegenwart eines jungen Mannes, der in der Mitte unseres kleinen Zirkels stand. Es war, als würde er versuchen, mich auf sich aufmerksam zu machen – so wie jemand, der sich vor einen*

stellt, um wahrgenommen zu werden. Er sagte jedoch kein Wort. Ich fragte mich: „Wer ist das?“, aber bekam keine Antwort. Ich spürte, dass mein Geistführer sich gerade neben mir manifestierte, und so bat ich ihn, mir dabei zu helfen, den jungen Gast in unseren Zirkel hineinzubringen. Noch in derselben Sekunde legte sich ein friedliches Gefühl auf mich.

Ich ließ es zu, stimmte meinen Geist wieder auf die Ruhe des Raumes ein und schickte heilende Gedanken an einige der Menschen, die mich darum für ihre Freunde oder Verwandten gebeten hatten, bis meinem Gefühl nach der Zeitpunkt gekommen war, aus der Meditation herauszukommen. Auch wenn ich mich auf das Heilen konzentriert hatte, nahm ich wahr, dass in unserem Zirkel noch etwas anderes stattgefunden hatte, und das hatte mit unserem Besucher zu tun.

Als wir uns anschließend reihum austauschten, stellten wir fest, dass jeder von uns etwas empfangen hatte, das sich auf einen jungen Mann bezog, der gestorben war und uns aus der feinstofflichen Welt aufgesucht hatte.

Meine Bekannte, die rechts von mir saß, fing mit ihrem Bericht an. Wie sie sagte, war ihre Meditation von der Vision eines Achtzehn- oder Neunzehnjähri-

gen unterbrochen worden. Er lag auf dem Bett, und sie hatte den Eindruck, dass er in diesem Zimmer gestorben war.

Die nächste Teilnehmerin hatte auch eine Vision gehabt, die sich jedoch auf Drogen bezog. Sie hatte Spritzen und andere Gegenstände gesehen, die auf Drogen hinwiesen.

Unsere Bekannte, die neben ihr saß, hatte den Namen „Garry" vernommen und das Gefühl, als wäre ein schrecklicher Unfall passiert, bei dem ein junger Mann gestorben sei und Drogen im Spiel waren.

So ging es weiter. Am Ende unserer Diskussion konnten wir die Puzzlestücke zusammensetzen. Eine Frau in unserer Gruppe hatte eine Nachbarin, deren Sohn Garry unter mysteriösen Umständen, die von der Polizei noch immer untersucht wurden, zu Tode gekommen war. Vier aus unserer Gruppe hatten das Wort „Unfall" gehört, und drei von uns hatten das Gefühl, als suchte er Hilfe. Uns allen war klar, dass die Hilfe, die er brauchte, diese Botschaft an seine Angehörigen war, da sein Tod als ein möglicher Suizid angesehen wurde und er diese Frage anscheinend für seine Verwandten klären wollte. Wie die Teilnehmerin uns bestätigte, ging in ihrer Nachbarschaft tatsächlich das Gerücht umher, dass sich der junge Mann das Leben genommen hätte.

Ein kleines Detail, das ein anderer Teilnehmer wahrgenommen hatte, schien zu diesem Zeitpunkt unbedeutend; später stellte es sich jedoch als wichtig heraus. Wie er berichtete, hatte er den jungen Mann während seiner Meditation gesehen und auch ein Handy gesehen, auf dessen Display eine SMS stand, die er nicht hatte entziffern können.

Meine Bekannte sagte, sie würde mit ihrer Nachbarin sprechen, wenn sich der richtige Zeitpunkt ergab. Dabei beließen wir es an jenem Abend.

Ungefähr einen Monat später konnte sie der Mutter des jungen Mannes die Informationen überbringen. Anscheinend machten sie seine Mutter glücklich. Wie sie meiner Bekannten sagte, hatte ihr Sohn zwar Drogen genommen, doch sie war sicher, dass er sich nicht umgebracht hatte. Zwei Wochen nach unserer Session hatte es eine gerichtliche Untersuchung der Todesursachen gegeben, dessen Ergebnisse dies bestätigten. Einer der Fakten, die zutage gekommen waren, war, dass er von einem Dealer, der auf der Straße reines Heroin verkaufte, Drogen gekauft hatte. Zwei weitere junge Leute aus der Gegend waren auf die gleiche Weise gestorben und einige andere waren dem Tod nur knapp entronnen. Der Name des Dealers tauchte in einer SMS auf

Garrys Handy auf, als es von den Ermittlern untersucht wurde.

Ich kenne zwar nicht die Folgen der Ermittlungen, aber ich weiß, dass die Mutter des Jugendlichen Trost in der Tatsache fand, dass ihr Sohn sich nicht das Leben genommen hatte.

Das ist nur ein Beispiel, welche Ergebnisse ein medialer Zirkel hervorbringen kann. Ich glaube, wenn wir als Team zusammensitzen, stärkt das unsere Verbindung und unser Vertrauen in die feinstoffliche Welt. Ich hatte oft das Gefühl, dass ein Großteil meines individuellen Erfolgs als Medium damals denjenigen geschuldet war, die all die Jahre mit mir zusammen meditierten.

Einen medialen Zirkel ins Leben rufen

All meinen Teilnehmern rate ich, ihren eigenen Zirkel zu gründen. Früher wurde den Menschen geraten, nicht in einem Zirkel zu sitzen, wenn kein vollständig ausgebildetes Medium dabei war, aber ich denke oft über die allerersten Gruppen nach, die von Leuten gegründet wurden, die nicht wussten, was sie taten. In manchen Fällen konnten sie nur blind darauf vertrauen, dass alles seinen Gang nehmen würde. Damals entwickelten sich medial Begabte durch Engagement und Leidenschaft weiter. Du musst also kein Medium sein, um einen medialen Zirkel ins Leben zu rufen – aber wenn sich der Zirkel weiterentwickelt, könntest du schließlich eines werden.

Ich habe schon davon gesprochen, wie du deinen Geist auf die Arbeit mit der feinstofflichen Welt vorbereiten kannst. Wenn du das Prinzip verstanden hast und weißt, dass sich nur deine eigene Angst störend auf dein Denken auswirken kann, dann wirst du auch verstehen, dass jeder Einzelne von uns unbesorgt seinen eigenen medialen Kreis ins Leben rufen kann.

Ich begann meinen privaten Zirkel damit, einfach nur als Gruppe zusammenzusitzen, den Meditationsprozess zu durchlaufen und die ganze Energie, die wir gemeinsam aufbauten, Menschen zu schicken, von denen wir wussten, dass sie sie brauchten. Das ist ein Superanfang für eine neue Gruppe.

Worauf du achten solltest, wenn du einen Zirkel gründest

- Versuche, am Anfang nicht gleich nach übersinnlichen Phänomenen zu suchen – vermutlich wirst du keine finden.

- Vergiss nie, dass du Teil einer Gruppe bist, wenn du dich in diesem Sakralraum für Botschaften aus der feinstofflichen Welt öffnest. Versuche, dich mit den anderen Meditierenden zu verbinden – in einem guten Zirkel will niemand hervorstechen.

- Versuche, immer zeitig oder wenigstens pünktlich zum Treffen zu kommen – schließlich hast du einen Termin mit der feinstofflichen Welt. Bemühe dich, ihn einzuhalten. Wenn jemand in meinem Zirkel zu spät kam, wurde er nicht mehr eingelassen – und hat es auch gar nicht erst versucht.

- Wenn du merkst, dass du aus irgendwelchen Gründen während einer Session die Kraft nicht spüren kannst, dann schicke einfach anderen Heilung – etwas Positives zu tun ist besser, als sich innerlich zu verkrampfen.

- Respektiere den Leiter deines Zirkels. Wenn du das nicht kannst, solltest du nicht dabei sein.

- Manche Zirkel finden in dunklen oder nur schwach beleuchteten Räumen statt, damit sich die Teilnehmer entspannen. Ich habe schon in dunklen und hellen Räumen mit der Gruppe meditiert. Es kommt darauf an, was der Einzelne bevorzugt.

- In manchen medialen Gruppen läuft im Hintergrund Meditationsmusik. Auch das ist je nach Belieben. Ich habe schon beides erlebt, ziehe jedoch Sessions ohne Musik vor.

- Du solltest als persönliche Gedächtnisstütze immer Tagebuch über deine Erfahrungen führen. Jemand in der Gruppe sollte außerdem die Erfahrungen jedes Teilnehmers als Gedächtnisstütze für den Zirkel schriftlich festhalten.

- Eine gute Idee ist auch, eine Liste oder ein Notizbuch zum Zweck der Heilung von Personen, die Hilfe benötigen, zu führen. Wenn du das Notizbuch vor dem Beginn der Sitzung für alle sichtbar hinlegst, hilft das den Teilnehmern, sich an die Personen zu erinnern. Außerdem erinnert es dich daran, warum du das Ganze eigentlich tust.

Der Zirkel sollte so einfach und aufrichtig wie möglich sein und sich um Geduld gegenüber sich selbst und den anderen bemühen. Mrs. Primroses prägendste Worte, wenn ich mich für zu langsam hielt, lauteten: „Bei der Entwicklung ist man nie zu langsam."

Heute verstehe ich den Satz. Es ist unabdingbar, geduldig zu sein und zu versuchen, nicht zu viel auf einmal zu erwarten. Sieh den medialen Kreis als einen Ort an, an dem du dich sicher fühlen und den Geist öffnen kannst, aber lasse es auf ganz natürliche Weise geschehen. Du wirst es spüren, wenn du deine Entwicklung forcieren oder krampfhaft voranbringen willst, denn dann wird nicht viel passieren. Habe Geduld. Was die feinstoffliche Welt angeht, so wirst du nie das verpassen, was für dich bestimmt ist.

Ein universeller Online-Zirkel

Viele Menschen möchten sich zwar spirituell weiterentwickeln, ohne jedoch Zugang zu einem medialen Zirkel oder Menschen in ihrem Umfeld zu haben, die ihre spirituellen Interessen teilen. Ich reise beruflich viel und begegne so zahlreichen Menschen, die nur zu gerne in einem Zirkel wären, es jedoch aus verschiedenen Gründen nicht können. Das brachte mich auf eine Idee.

Eine meiner deutschen Schülerinnen wohnte in einem kleinen, strenggläubigen Dorf, in dem die Einwohner die Arbeit eines Mediums und sogar spirituelle Heilung ablehnen. Sie wollte trotzdem ihre Heilkünste üben und einen kleinen Kreis aufbauen, in dem sie sich medial weiterentwickeln und sich mit Gleichgesinnten austauschen könnte, befand sich aber in einer schwierigen Lage. Sie war sicher, dass einige Dorfbewohner es herausfinden würden, wenn sie Gleichgesinnte für eine spirituelle Gruppe suchte, und eine Art Hexenjagd auf sie einsetzen würde. Deshalb ließ sie es bleiben.

Während einem meiner Seminare schilderte sie mir ihr Problem und fragte mich um Rat. Ich überlegte und hatte spontan eine Idee: Ich schlug ihr vor, zur selben Zeit, in der sich mein Zirkel trifft, alleine in ihrer Wohnung zu meditieren.

Zuerst wirkte sie verdutzt, doch je mehr sie darüber nachdachte, umso sinnvoller klang es. Telepathie ist nicht auf ein Zimmer oder gar ein Land begrenzt – also warum sollte sie sich nicht einklinken und se-

hen, was passieren würde? Was hatte sie zu verlieren?

Sie testete es, und es dauerte nicht lange, bis sie das Gefühl hatte, die Leute in meinem Zirkel zu sehen und sogar einige Details zu fühlen, die wir empfingen. Auf dieselbe Weise konnten manche Teilnehmer sich mitunter auf sie einstellen.

So machten wir es mehrere Monate lang, bis sie an einen anderen Ort zog, wo sie einen hervorragenden privaten Zirkel fand. Das zeigte mir, dass sie nicht die physische Nähe eines medialen Zirkels brauchte – es war eher das Gefühl dazuzugehören, was ihr und der Gruppe die telepathische Verbindung zueinander ermöglichte.

Daher rate ich jetzt all meinen Schülern, sich donnerstags um neunzehn Uhr (britische Zeit) hinzusetzen, denn dann versammelt sich immer mein Zirkel. Selbst wenn ich nicht da bin, trifft sich der Rest der Gruppe zum Meditieren. Vor allem Menschen, die allein sind, sollten diesen Zeitpunkt für die Meditation wählen, da die Verbindung zu meinem Zirkel ihr Meditieren sinnvoller macht und eine Verbindung zu unserer Gruppe herstellt.

Seit zwei Jahren lade ich andere dazu ein, und mittlerweile tun es Tausende von Menschen auf der ganzen Welt. Wir sind auch mit anderen medialen Zirkeln verbunden. Wie wir festgestellt haben, ist das eine wunderbare Methode der geistigen Verbindung für Leute, die spirituell wachsen und Heilung und Mitgefühl für andere bewirken wollen. Ich werde geradezu mit Berichten von Menschen überschüttet, die die positive Wirkung dieser Heilungen erlebt haben. Sogar mein eigener Bruder gehört zu den vielen Menschen, deren Leben durch die Kraft unseres universalen Zirkels an Heilern verbessert wurde.

> *Vor kurzem bekam mein ältester Bruder Tommy die traurige Nachricht, dass er aufgrund seiner Diabetes-Erkrankung ein Bein verlieren würde. Natürlich war seine und unsere Familie über diese Nachricht zutiefst erschüttert und wir alle fühlten mit ihm und seiner Familie. Als Erstes berichtete ich es all meinen Heilern, die jeden Donnerstag zusammen meditieren. Wir bleiben über Facebook in Kontakt, welches wir in Zukunft Faithbook (faith = Vertrauen) nennen werden. Es dauerte nicht lange, bis sich die Nachricht herumgesprochen hatte, und Tausende von Menschen schrieben, sie würden sich am nächsten Donnerstag um neunzehn Uhr (britische Zeit) allein oder in ihrem Zirkel hinsetzen und ihm Heilung schicken.*
>
> *Es ist ein inspirierender Gedanke, sich vorzustellen, dass Tausende von Menschen gleichzeitig meditieren, unabhängig davon, wie weit entfernt sie voneinander sind. Ich bin sicher, man könnte damit noch Größeres bewirken, doch für meinen Bruder reichte*

es vollkommen. Nach der OP teilte man ihm mit, dass die Heilung mindestens ein halbes Jahr dauern würde und er diese Zeit auch brauchen würde, um zu lernen, wie er nicht nur auf der körperlichen, sondern auch auf der seelischen Ebene damit umgehen könnte. Eines der Dinge, die unserer Familie Sorgen bereitete, war, dass er Depressionen bekommen würde, doch zu unserer großen Überraschung kam es ganz anders.

Jetzt geht es meinem Bruder glänzend. Statt sechs Monate zu brauchen, um sich zurechtzufinden, konnte er schon nach gut sechs Wochen mit seiner Prothese gehen. Und nicht nur gehen: Bei der Hochzeit meines anderen Bruders Jonny war Tommy einer der Ersten, die das Tanzbein schwangen.

Mittlerweile haben wir Hunderte von Geschichten wie die von Tommy über Facebook gesammelt. Wie sie uns alle zeigen, kannst du ein Teil von etwas Größerem sein, selbst wenn du deine mediale Entwicklung alleine vorantreibst.

Allein meditieren

Falls du aus irgendeinem Grund allein meditierst, könnten die folgenden Punkte und die Übung hilfreich sein:

- Versuche, jedes Mal am gleichen Ort zu sitzen, und stelle sicher, dass du dich dort wohl und ausgeglichen fühlst.

- Richte den Raum nach deinen Wünschen ein, aber vergiss nicht, dass es darum geht, deinen Geist in eine spirituellere Richtung zu lenken.
- Fange, wenn möglich, immer zur gleichen Zeit an, so wie es auch in einem medialen Zirkel gemacht wird. Zuverlässigkeit hinsichtlich Zeit und Ort des Meditierens zeigt Respekt gegenüber der feinstofflichen Welt.

Übung: Wenn du allein meditierst

- *Bringe deinen Geist in die Stille und atme tief und regelmäßig.*
- *Entspanne dich und überlasse es deinem Atem, seinen eigenen Rhythmus zu finden.*
- *Lasse deinen Geist zur Ruhe kommen. Lasse alle Gedanken, die auftauchen, weiterziehen. Hänge keinem Gedanken nach.*
- *Sitze still und richte dein Bewusstsein auf die Leere des Raumes um dich herum.*
- *Versuche deine eigene feinstoffliche Energie in dieser Atmosphäre bewusst wahrzunehmen und zu fühlen, wie sehr du dich auf dieser aurischen Ebene ausdehnen kannst.*
- *Schicke deinem Geistführer einen Gedanken und empfange ihn in deinem inneren Raum.*

- *Spüre die Präsenz deines Geistführers, während du dich mit ihm verbindest. Fühle seine Visitenkarte oder Signatur, an der du ihn erkennst.*
- *Sei dir bewusst, dass du nicht nur mit deinem eigenen Geistführer verbunden bist, sondern du dich auch mit allen anderen Zirkeln, die gleichzeitig mit dir meditieren, verbinden kannst. Erlaube deinem subtilen Lichtkörper, sich auf einer höheren Ebene verbunden zu fühlen, und verharre in diesem Zustand.*
- *Schicke Heilung an dieses Netzwerk der spirituellen Heilung und achte nur auf alles, was dir in den Sinn kommt.*
- *Danke deinem Geistführer, wenn das Gefühl schwächer wird, und lasse ihn aus deinem inneren Raum gehen.*
- *Atme tief ein, bis du bereit bist, die Augen wieder zu öffnen und in den Alltag zurückzukehren.*
- *Schreibe alles auf, was du auf der körperlichen, aurischen und spirituellen Ebene erlebt hast.*
- *Notiere alles, was du gesehen, gefühlt oder gehört hast.*

***

Wie mir Menschen, die allein meditieren und sich dabei mit unseren Zirkeln um sieben Uhr abends verbinden, berichten, fühlen sie, dass die Kraft, die sie umgibt, während der Meditation viel stärker wird. Meines Erachtens ist die Verbindung zu anderen in dieser Hinsicht ganz wichtig. Selbst wenn nur zwei Leute gemeinsam in der Kraft meditieren, spüren sie sie viel stärker. Es ist die Macht dieser Energie, die das Signal an die feinstoffliche Welt in der Atmosphäre um uns herum verstärkt.

Deine magische Zeit

Die Zeit in deinem Zirkel ist die magische Zeit, in der du die Schönheit und Freude deiner Geistführer und geistigen Beschützer spürst – ganz zu schweigen von geliebten Seelen im Jenseits, da auch sie dir an diesem sakralen Ort näher sein können. Wenn du die Möglichkeit hast, an einem spirituellen Entwicklungszirkel teilzunehmen, dann ergreife sie – es könnte der Anfang eines einmaligen Aspekts deines Lebens sein.

Für mich ist der mediale Zirkel mein spirituellcs Zuhause, ein Ort, an dem viele wunderbare Menschen aus dieser und der nächsten Welt mich besucht haben. Er bietet eine tolle Chance, sich auf eine viel deutlichere Art und Weise mit der feinstofflichen Welt zu verbinden, und er erinnert uns daran, dass wir Teil einer unendlichen Quelle sind. In unseren kleinen Gruppen erschaffen wir uns ein Fenster, durch das das Licht dieser Quelle scheinen kann. Meiner Überzeugung nach sind meine Sensitivität und das Medium in mir deshalb über die Jahre so stark geblieben, weil ich regelmäßig durch meine wöchentlichen Sessions in meinem Zirkel mit dieser Quelle verbunden bin.

Einem Zirkel anzugehören hält uns auch geerdet, wenn wir drohen abzuheben, denn die anderen in der Gruppe bemerken ganz schnell, wenn wir die Bodenhaftung verlieren und einen Realitäts-Check brauchen.

Der Realitäts-Check

Am Anfang deiner Entwicklung sind Realitäts-Checks ganz wichtig. Damit meine ich, dass du in dich hineinhorchen solltest, um sicherzustellen, dass dein Geist nicht durch die vielen spirituellen Prozesse zu sehr abhebt.

Ich weiß, wie schnell Menschen sich vom alltäglichen Leben entfernen können, wenn sie anfangen, sich weiterzuentwickeln. Während meiner eigenen Entwicklung habe ich mitbekommen, wie sich andere positiv oder negativ veränderten.

> *Vor ein paar Jahren arbeitete ich mit einer skandinavischen Gruppe zusammen. Dort lernte ich eine sympathische junge Frau kennen, die das Potenzial zu einem großartigen Medium hatte. Sie war Mitte dreißig, verheiratet und hatte zwei Kinder. Ihr Mann war Akademiker, und auch wenn er nicht wirklich an ein Leben nach dem Tod glaubte, unterstützte er dennoch seine Frau in ihrer Überzeugung, ein Medium zu sein und anderen helfen zu können.*
>
> *Fast ein Jahr später traf ich sie bei einem spirituellen Kongress in Süddeutschland wieder. Es dauerte einen Moment, bevor ich wusste, woher ich sie kannte. Auch wenn ihre blauen Augen immer noch*

so strahlten wie früher, trug sie jetzt statt normaler Kleidung ein langes, wallendes Kleid und hatte ihre braune Kurzhaarfrisur gegen eine blond gefärbte lange Mähne, die ihr über die Schultern fiel, eingetauscht.

Es war ein seltsamer Augenblick, da ich spürte, wie sie sich verändert hatte – nicht nur wegen der Haare, sondern auch wegen ihres ganzen Verhaltens. Als wir uns umarmten, spürte sie sicherlich mein Unbehagen, da ich fühlte, dass es ihr genauso ging.

Ich ging an diesem Tag meiner Wege und bemühte mich, das komische Gefühl abzuschütteln und nicht weiter über die Frau nachzudenken. Schließlich besuchten wir beide einen spirituellen Kongress, auf dem viele Leute so gekleidet waren wie sie. Als Friseur wusste ich auch, dass Frauen ihre Haarfarbe als eine Form des Protestes oder der Rebellion ändern, und da mir die Frau als stark und selbstbewusst in Erinnerung war, hätte mich das eigentlich nicht weiter beunruhigen sollen. Trotzdem spürte ich, dass etwas in ihr verändert war, und in gewisser Weise hoffte ich, ihr noch einmal zu begegnen und mich mit ihr zu unterhalten, um herauszufinden, was mit ihr los war.

Erst spät am nächsten Tag liefen wir uns wieder über den Weg. Sie war auf der anderen Seite des

Raums, gut gelaunt und umgeben von Leuten, die ähnlich gekleidet waren wie sie. Sie ging auf mich zu und sagte mir, sie sei außer sich vor Freude, weil sie dabei sei, mit einer Gruppe in eine völlig neue Dimension zu gehen.

„Sie sollten mitkommen", sagte sie. „Sie werden begeistert sein."

Aber meine innere Stimme sagte mir, dass ich es nicht so toll finden würde.

Im tiefsten Inneren wusste ich, dass diese psychisch stabile Frau ihrem normalen Leben den Rücken gekehrt und sich auf eine spirituelle Reise ohne Grenzen begeben hatte. Mein Herz sank und ich versuchte, sie nach ihrem alten Leben mit Mann und Kindern zu fragen, doch sie ließ mich nicht zu Wort kommen. Stattdessen erzählte sie mir, sie habe früher in einer Welt der Nichtwirklichkeiten gelebt und wolle jetzt nur noch in der Gegenwart ihrer neuen Realität leben – der einzigen Realität, die zähle.

Wie sie mir anvertraute, wartete sie auf die Ankunft eines spirituellen Meisters, eines Lehrmeisters, der schon bald aus einer anderen Welt kommen würde. Diese befände sich zwar auf der anderen Seite des Universums, doch er hätte die Reise schon angetre-

ten und wäre bald hier, um ihre Gruppe auszubilden.

Nach weiteren wirren Details wie diesen hatte ich genug davon. Mir war klar, dass die Frau nicht länger rational denken konnte.

Danach sah ich sie nie wieder, und in den letzten zehn Jahren oder so habe ich auch nichts über einen intergalaktischen Guru gehört, der auf der Erde eintraf. Über eine gemeinsame Bekannte habe ich jedoch erfahren, dass die arme Frau irgendwann einen Nervenzusammenbruch erlitt und eine ganze Weile in der Psychiatrie verbrachte, bevor sie glücklicherweise wieder zu ihrem einfühlsamen Mann und ihren Kindern zurückfand.

Man kann nur hoffen, dass der Realitätsverlust nicht anhält, wenn sich der menschliche Geist auf lächerliche Fantasien wie diese fixiert. Das kann Leuten passieren, die leicht den Boden unter den Füßen verlieren, was ich zwar bei dieser Frau nie erwartet hätte, doch die Vorstellungskraft kann eine starke Macht entfalten.

In einem ähnlichen Fall kann ich mich an einen hochintelligenten Mann erinnern, der sich in eine merkwürdige Sekte hineinziehen ließ. Schon bald darauf schuf er Kornkreise und behauptete, sie wären das Zeichen seines hohen Meisters dafür, dass dieser kommen würde, um dem Präsidenten der Vereinigten Staaten die Chance zu geben, die Welt zu verändern.

Fantasie und Vorstellungskraft dürfen nie außer Kontrolle geraten, wenn du den spirituellen Weg gehst, da du dich ja sowieso schon mit einem Thema beschäftigst, das sich in einer Welt der Logik nur schwer beweisen lässt.

In jedem Zirkel, an dem ich teilgenommen habe, gab es Realitäts-Checks, bei denen wir als Gruppe zusammensaßen und offen diskutierten, wo wir in unserer medialen Entwicklung, unseren Erfahrungen und Überzeugungen gerade standen. Mrs. Primrose trichterte uns ein, dass die materielle Welt die wichtigste für uns sei und dass wir zu allen Zeiten mit unserem physischen Leben und allem, was in diesem Leben zählt – wie zum Beispiel die Familie, Freunde und Arbeit –, verbunden bleiben müssten.

Viele Leute geben all das auf, um sich spirituell zu finden. Das ist ihre persönliche Entscheidung, und wenn du als erwachsener Mensch diese Wahl triffst, musst du mit den Konsequenzen leben. Wenn deine Angehörigen davon beeinträchtigt werden und darunter leiden müssen, dann trägst du auch eine gewisse Verantwortung dafür. Vergiss nicht: Die feinstoffliche Welt fordert uns nicht zu solch schwerwiegenden Entscheidungen auf – es sind unsere eigenen Entscheidungen.

Jeder, den ich kenne und der sich auf den spirituellen Weg gemacht hat, musste schon zahlreiche schwierige Zeiten durchmachen, so wie die meisten Menschen auf der Welt. Das gehört nun mal zum menschlichen Leben dazu. Mir sind Menschen begegnet, die glauben, eine übersinnliche Macht hätte ihnen etwas Gutes weggenommen, und soweit ich das beurteilen kann, stimmte das nicht wirklich, aber es fällt manchen Leuten einfach leichter, die Schuld auf eine unsichtbare Macht zu schieben, als eine Eigenverantwortung für ihre Probleme zu übernehmen.

Eine Frau, die ich kannte, behauptete, Elvis Presley würde ihr Nachrichten schicken, und eine dieser Botschaften sei, dass sie ihren Mann verlassen und bei einem Arbeitskollegen einziehen sollte. Ich weiß zwar nicht, wie du darüber denkst, aber ich selber habe keine Ahnung, warum Elvis Interesse daran haben sollte, wer bei wem einzieht oder wer wen verlässt. Überprüfe daher immer die Botschaften, die durch das Medium in dir herüberkommen, und versuche, alles so weit wie möglich nachzuweisen.

Auch wenn es Menschen gibt, die hin und wieder auf ihrer Reise vom richtigen Weg abkommen, gibt es viele Fälle, bei denen sich Leute durch ihre spirituelle Entwicklung in äußerst positiver und konstruktiver Weise ändern, und es freut mich, sagen zu können, dass ich viele von ihnen kenne.

Mein junger Schüler Steven, der sehr verwirrt zu mir kam und der sich früher über alle seine Mitmenschen Sorgen machte und immer vom Schlimmsten ausging, ist heute nicht nur ein Medium und ein hervorragender Heiler, sondern auch ein Mensch, dessen Lebenseinstellung aufgrund regelmäßiger Meditation und medialer Arbeit viel positiver geworden ist.

Glücklicherweise wurde Steven klar, dass dieser Prozess seine Zeit brauchen würde und dass Ungeduld und Hast nichts daran ändern würden. Das ist meiner Überzeugung nach der wahre Schlüssel zum Erfolg, wenn es um die spirituelle Entwicklung geht. Lasse dir auf deinem Weg Zeit. Das ist zwar ein Klischee, aber es stimmt: Der Weg ist das Ziel. Und bei allem, was sich lohnt, lohnt es sich, es gut zu machen.

Ich hoffe, du gibst bei deiner Entwicklung dein Bestes, um deine medialen Fähigkeiten zu honorieren, deine Geistführer zu respektieren und dir selber treu zu bleiben. Das Medium in dir kann zwar eine unglaublich schöne Erfahrung sein, aber vergiss dabei nicht, so oft wie möglich bescheiden zu bleiben.

Kapitel 7
Teile deine Gabe

Du wirst den Zeitpunkt erkennen, an dem du beginnen kannst, deine Gabe mit anderen zu teilen. An diesem Punkt wirst du genügend Erfahrungen mit Informationen aus der feinstofflichen Welt gesammelt haben, deren Richtigkeit du überprüft hast.

Einmal zeigte mir mein Geistführer während des Meditierens eine Szene, in der er im 5. Jahrhundert an einer Zeremonie in China teilnahm. Die Episode enthielt zahlreiche Details, die ich überprüfen konnte. Ich hatte noch nie etwas davon gehört oder darüber gelesen. Mir waren keine Namen, Daten, Orte oder Trachten dieser speziellen Ära in diesem Land bekannt. Erst nach vielen Monaten Recherche in der Bibliothek fand ich heraus, dass jede Einzelheit der Vision für das Leben, das mein Geistführer gelebt hatte, relevant war. Das zeigte mir, dass ich tatsächlich Beweise von einer intelligenten Kraft im Jenseits erhalten hatte.

Auch in meinem Entwicklungszirkel schickten mir immer wieder verschiedene Geistwesen Informationen für andere Teilnehmer, von denen ich vor der jeweiligen Sitzung nichts wissen konnte. Wie sich herausstellte, stimmten die Einzelheiten nicht nur, sondern waren für die Empfänger zu diesem Zeitpunkt auch wichtig. In einem medialen Kreis ist es leichter, Informationen zu überprüfen, da man mit vielen anderen zusammenarbeitet. Doch selbst wenn du allein meditierst, kannst du die Informationsquelle verifizieren, indem du um Details bittest, deren Richtigkeit du anhand von historischen Unterlagen prüfen kannst.

Bevor du mit Klienten arbeitest, solltest du viele Erfahrungen mit der feinstofflichen Welt gemacht haben, bei denen du korrekte Informationen erhalten hast, an die du auf keine andere Weise herangekommen wärst. Jeder Erfolg stärkt dein Vertrauen in das Medium in dir, bis du irgendwann sicher sein kannst, bereit für die Arbeit mit Klienten zu sein. Wenn du jedoch feststellst, dass dir Informationen in den Sinn kommen, deren Relevanz sich nie zeigt, dann solltest du Geduld beweisen. Es ist völlig in Ordnung, cinc Weile wieder nur zu meditieren.

Wenn du den Punkt erreicht hast, dass du deine Gabe in der Öffentlichkeit einsetzen kannst, kannst du im Leben vieler Menschen etwas bewirken. Das ist die beste Motivation für deine Arbeit – das und die gute Absicht.

> *Marcus ist ein gutes Beispiel dafür, wie sich das Leben durch eine Botschaft aus der feinstofflichen Welt verändern kann. Er war Anfang vierzig und hatte seine Frau Gabriella bei einem tödlichen Autounfall direkt vor ihrem Haus in einem schönen Schweizer Vorort verloren.*

Ich lernte ihn zehn Monate nach dem tragischen Unfall kennen. Damals litt er noch sehr unter dem Verlust und war psychisch erschöpft. Ein gemeinsamer Bekannter, der über die Jahre an mehreren meiner Seminare teilgenommen hatte, brachte uns zusammen. Als er mir von der Lage erzählte, in der sich Marcus befand, wollte ich ihn unverzüglich kennenlernen.

Wir trafen uns in einem Hotel in Basel, in dem ich gerade wohnte. Bei unserer ersten Begegnung brauchte ich kein Medium zu sein, um zu erkennen, dass er in tiefer Trauer steckte. Das ist etwas, was alle medial Begabten bei der Arbeit erleben. Ein wesentlicher Teil unserer Ausbildung ist, zu lernen, unsere eigenen Gefühle von denen unserer Klienten zu trennen, denn es ist wenig hilfreich, sich in das emotionale Chaos eines anderen hineinziehen zu lassen. Zu Anfang könnte dir das schwerfallen, weil das Mitgefühl einen mitunter überwältigt, doch wenn du deinen Geist darauf einstellst, dass es nicht dein Schmerz und Leid ist und dass du eine echte Chance hast, zu helfen und zu heilen, kannst du dich von der Situation des Klienten abgrenzen und dich darauf konzentrieren, seine Lage zu verbessern.

Obwohl ich die Umstände von Gabriellas Tod schon kannte, musste ich erst noch Anzeichen ihres geisti-

gen Lebens im Jenseits finden, und hoffte, eine Botschaft zu erhalten, die es ihrem Mann ermöglichen würde, sein Leben ohne sie fortzusetzen.

Als ich mich auf Marcus einstimmte, spürte ich Gabriellas Präsenz und hörte sie ihren Namen sagen. Es war, als würde sie direkt in meinem Kopf sprechen, statt mir ins Ohr zu flüstern. Ich fühlte, dass sie eine starke Verbindung zu mir herstellte, weil ich spontan zu sprechen anfing, und mich selbst ihrem Mann, der mir gegenüber saß, alles Mögliche sagen hörte.

Diese Art der medialen Arbeit ist die deutlichste, die ich kenne. Es fühlt sich beinahe so an, als würde mein Geist von dem kommunizierenden Geistwesen überschattet. Es ist nicht etwas, was ich anderen beibringen kann, weil es nur dann geschieht, wenn ich mit einem Geistwesen wirklich verbunden bin, so wie in diesem Fall mit Gabriella. Aus Erfahrung wusste ich, dass ich es nicht hinterfragen sollte, sondern es einfach fließen lassen musste, bis es aufhörte.

Ich muss wohl eine halbe Stunde ununterbrochen gesprochen haben, bevor ich Marcus ansah, um seine Reaktion zu sehen. Er starrte mich völlig überrascht an und schüttelte leicht den Kopf. Erst jetzt bemerkte ich, dass er einen Notizblock in der Hand hielt. Er warf einen Blick darauf und sagte mir, er sei mit vierzig Fragen hergekommen, die er seiner Frau hatte stellen wollen, falls er durch mich Kontakt mit ihr aufnehmen könnte. In meinem langen Monolog hatte ich neununddreißig seiner Fragen schon automatisch beantwortet, ohne sie zu kennen.

Es war Marcus' erste Erfahrung mit einem Medium, und er hatte nicht gewusst, was ihn erwartete. Er hatte zwar seine Zweifel gehabt, aber darauf gehofft, dass seine Frau die Fragen schon kennen würde, weil er sie ihr zu Hause in seinem Schlafzimmer schon laut vorgelesen hatte. Wenn seine verstorbene Frau sie kannte, dann wäre das ein weiterer Beweis für ihn.

Seine letzte Frage stellte er mir nicht, da er sie für zu intim hielt, und da seine Frau alle Fragen außer dieser einen beantwortet hatte, glaubte er, dass auch sie sie für zu persönlich erachtete.

Er war vollkommen verblüfft über das Ereignis, und ich unterhielt mich noch eine Stunde mit ihm, in der ich ihm etwas mehr über das Leben nach dem Tod und die feinstoffliche Welt erklärte. Ich hatte das Gefühl, dass ihn außer den Fragen, die er mitgebracht hatte, noch andere Dinge interessierten, die während des Readings aufgetaucht waren.

Am Ende unserer Session fiel mir auf, dass Marcus viel fröhlicher wirkte als zuvor. Sogar seine Stimme klang fester, als er sich verabschiedete. Es war die Art von Reading, auf die ich immer hoffe – ein Reading, in dem ein verzweifelter Klient zumindest wieder anfängt, klar zu denken und Fragen zu stellen. Als Medium können wir zwar nicht immer helfen, aber wir sollten immer unser Bestes geben.

Drei Jahre später war ich in Süddeutschland unterwegs und wurde gefragt, ob ich Marcus wiedertreffen wollte, da er aus beruflichen Gründen in derselben Gegend war. Ich wollte herausfinden, wie es ihm ging, und war sicher, dass sich sein Leben positiv verändert hatte.

Wieder trafen wir uns in einem Hotelzimmer und wieder erschien sofort seine Frau und sprudelte eine Antwort nach der anderen heraus, was ihn zum Lächeln brachte. Wie mir nun auffiel, war es das erste Mal, dass ich ihn lächeln sah. Dabei strahlte er übers ganze Gesicht.

In seinem Leben passierten offensichtlich aufregende Dinge, und er war an allen möglichen neuen Geschäftsideen beteiligt – so sehr, dass mir regelrecht der Kopf summte, als Gabriella über mich mit ihm kommunizierte.

Erst sechs Monate zuvor hatte Marcus in seinem Bekanntenkreis eine Frau seines Alters kennengelernt. Sie wurde ungefähr in derselben Zeit Witwe, in der er seine Frau verloren hatte, und so wurden sie innerhalb kurzer Zeit ein Paar. Es ist nur verständlich, da sie aufgrund ihres jeweiligen Verlustes einen Bezug zueinander hatten.

Nun war Gabriella gekommen, um ihrem Mann ihren Segen für ein neues Leben zu geben. Seit unserem letzten Reading war er sich bewusst, dass immer noch eine Verbindung zwischen ihnen bestand, und so hoffte er, dass sie von seiner neuen Partnerin wüsste und ihm ihre Zustimmung geben würde – was sie natürlich tat.

Für mich war es gut, dem Mann zuzuhören, der beim ersten Reading so gewirkt hatte, als würde er nach dieser Tragödie sein Leben nie mehr in den Griff kriegen. Es freute mich, ihn so optimistisch in die Zukunft blicken zu sehen, und ich freute mich für ihn.

Es wurde wieder ein sehr persönliches Reading, und ich muss wohl nicht alle Einzelheiten seines Lebens aufzählen. Wie ich nun jedoch herausfand, war die letzte Frage unserer ersten Sitzung gewesen, ob er seiner Frau ins Jenseits folgen sollte. Die Tatsache, dass sie diese Frage nicht beantwortet hatte, hatte ihm gezeigt, dass sie das nicht wollte.

Nach meiner Überzeugung war Gabriella auch irgendwie die treibende Kraft gewesen, die ihren Mann und seine jetzige Partnerin zusammenführte, und sie freut sich nun für beide.

Wie ich oft sage, gibt es wirklich ein Leben nach dem Tod, und das gilt auch für die Hinterbliebenen, die in dieser Welt weiterleben. Wenn wir einen geliebten Menschen verlieren, lebt ein Teil seines Bewusstseins in der feinstofflichen Welt weiter. Dieser höhere, sensitivere Teil will, dass wir über den Verlust hinwegkommen und weiterleben – und das nicht in Trauer. Unsere Lieben wollen immer, dass wir in diesem Leben glücklich sind, egal wie die Umstände auch sein mögen.

Fern-Readings

Heutzutage veranstalten immer mehr medial Begabte Fern-Readings über Skype, Facetime und andere Kommunikationswege. Auch wenn solche Kommunikationsmedien mittlerweile alltäglich sind, habe ich diese Form des Fern-Readings erst zweimal gemacht.

Das erste Fern-Reading veranstaltete ich für eine Frau in Kalifornien, die so dringend ein Reading wünschte, dass sie Skype vorschlug. Da ich mich noch nie mit Skype beschäftigt hatte, brauchte ich die Hilfe eines Freundes, um es einzurichten. Während des Readings kamen der Klientin, die ich auf dem Bildschirm sehen konnte, oft die Tränen, und ich hatte das Gefühl, sie nicht wirklich trösten zu können. Und da die Kommunikation zeitverzögert stattfand, fühlte sich das Ganze ziemlich künstlich an. Dennoch schien meine Klientin am Ende unserer Session die Antworten erhalten zu haben, die sie brauchte. Aus meiner Sicht hatte ich jedoch das Gefühl, an ihrer Erfahrung nicht beteiligt gewesen zu sein, so wie es in einem physischen Raum der Fall ist.

Wie diese erste Erfahrung mir zeigte, kann man auch auf diese Weise als Medium arbeiten. Warum auch nicht? Vergiss nicht: Es gibt Leute, die Informationen aus der feinstofflichen Welt erhalten, die sie an Angehörige oder Freunde weitergeben sollen, auch wenn diese nicht anwesend sind. Das ist also kein Problem. Außerdem mussten viele medial Begabte jahrelang Readings per Telefon geben, wenn sie sich nicht mit einem Klienten treffen konnten. Das habe ich selbst in den letzten dreißig Jahren nur ein paar Mal praktiziert. Ich bin überzeugt, die Kommunikation funktioniert weitaus besser, wenn man in der tatsächlichen Energie des Klienten sitzt. Außerdem kann man ihn, wenn nötig, vor Ort trösten, und manche Klienten können die Kraft des Geistwesens im Raum wahrnehmen, was für sie genauso ein Nachweis ist wie die Botschaften an sich.

Deswegen wollte ich kein Fern-Reading mehr geben. Doch vor kurzem wurde ich darum gebeten, einem Paar in Australien ein Online-Reading zu geben. Die Umstände ermöglichten also nur die Hilfe über das Internet.

Zu Anfang des Readings versuchte ich, mich auf sie einzustimmen, wie ich es getan hätte, wenn sie mir gegenübergesessen hätten. Es dauerte nicht lange, bis ich die Präsenz ihrer kleinen Tochter fühlte, die bei einem Unfall ums Leben gekommen war. Wie ich merkte, konnte ich die Verbindung leichter halten, wenn sie nicht viel sagten, da die Verzögerung ihrer Antworten meinen Kontakt zu ihrer Tochter zu unterbrechen schienen. Daher bat ich sie, nur „Ja" oder „Nein" zu sagen, solange ich nicht etwas empfing, dessen ich mir nicht sicher war.

Ich erhielt zahlreiche Details und stellte fest, dass sie sich nach Art der Hellsichtigkeit zu Bildern zusammenfügten. Jedes Mal, wenn ich etwas sah, schilderte ich es den Eltern und wartete kurz auf ihre Bestätigung, bevor ich zum nächsten Bild überging. Wie immer bei der Arbeit als Medium funktionierte es besser, wenn ich eine Art Fluss herstellen konnte.

Ihre Tochter hieß Madeleine. Als ich die Augen schloss, sah ich ihren Namen wie auf einem Banner. Dann empfing ich eine Beschreibung, wie sie aussah und was sie beim letzten Mal, als ihre Eltern sie lebend gesehen hatten, getragen hatte.

Je mehr ich mich in das Reading vertiefte, umso deutlicher kamen die Informationen an, doch die ganze Zeit über hatte ich das Gefühl, den Eltern lieber persönlich gegenüberzusitzen. Mir schien, als würde meiner Sicht noch etwas fehlen, unabhängig davon, wie genau oder wichtig die Informationen auch waren.

Madeleine gab mir genügend Informationen, um ihren Eltern zu bestätigen, dass sie wirklich durch mich sprach. Dann kam sie zu der Botschaft, die sie ihren Eltern übermitteln wollte. Nun konnte ich sie hören; die Bilder, die ich anfangs gesehen hatte, hörte ich nun im Kopf als Dialog. Wie ich merkte, sprach ich ganz spontan zu den Eltern und ließ die Informationen so gut es ging sprudeln. Madeleine sagte ihnen, sie wünschte sich, dass sie miteinander reden sollten, und sie wollte nicht, dass ihre Ehe wegen Madeleines Tod zerbrach.

Diese Hinweise waren dem Elternpaar offensichtlich wichtig, denn sie nickten immer wieder und sagten, sie würden verstehen. Dann umarmten sie sich und hielten sich fest.

Die Nachricht ihrer Tochter war eine Botschaft, die ich schon vielen Eltern in derselben Lage überbringen konnte. Noch glaubwürdiger wurde sie durch die exakten Sätze, die ihre Eltern sich beim Streiten an den Kopf warfen. Madeleine wollte nicht, dass sie so miteinander redeten. Ihr war klar, dass beide tiefen Schmerz empfanden, und sie wollte nicht, dass sie sich gegenseitig diese Schmerzen zufügten.

Es gab einen Moment, in dem ich die Verbindung verlor und pausieren musste. Meinem Gefühl nach war die Botschaft überbracht worden und mehr würde es nicht geben. Ich fühlte, dass Madeleines Informationen genau so überbracht werden sollten, damit ihre exakten Gefühle bei ihren Eltern nachklingen würden, und dass ich dem nichts mehr hinzufügen sollte. Aus diesem Grund verschwand Madeleine so plötzlich.

Am Ende eines solchen Readings frage ich die Klienten immer, ob sie noch Fragen zu dem haben, was gerade geschehen ist. Auch in dieser Situation hielt ich es für richtig, selbst als die Online-Verbindung gestört war und es schwierig wurde, klar zu kommunizieren. Der Vater sagte etwas zu mir, das ich nicht verstand.

Dann war die Verbindung weg und ich musste die Session telefonisch beenden. Ich antwortete auf ihre Fragen über das Leben nach dem Tod und machte mir Sorgen, dass der Augenblick, in dem die Verbindung während des Readings abgebrochen war, womöglich ein ganz wichtiger gewesen war.

Deshalb ziehe ich es vor, den Klienten bei persönlichen Readings persönlich gegenüberzusitzen. Das fühlt sich irgendwie authentischer an. Ich weiß zwar, dass mediale Kommunikation mit allen möglichen Mitteln funktionieren kann, doch ich möchte wirklich mein Bestes geben, und meine begrenzten Erfahrungen mit Online-Readings haben mir gezeigt, dass es nicht mein Ding ist. Sicher wird die neue Generation von medial Begabten Internet-Readings viel leichter und geübter geben als ich. In der feinstofflichen Welt existieren weder Zeit noch Raum, und ich glaube, wenn Geistwesen tatsächlich anwesend sind, ist alles möglich. Daher verfolge ich die zahlreichen neuen Kommunikationsmedien dieser Welt mit großem Interesse. Aber alles, was ich dazu sagen kann, ist: Um den Menschen und der feinstofflichen Welt mein Bestes zu geben, muss ich das tun, was sich für mich richtig anfühlt. Und für mich übertrifft nichts das persönliche Gespräch.

„Warum tue ich das?“

Ich könnte dir Hunderte von Geschichten über die wunderbaren Erlebnisse erzählen, die ich als Medium schon hatte, doch eine Geschichte sticht besonders hervor. Ich glaube, ich habe sie deshalb erlebt, um mich im rechten Augenblick daran zu erinnern, warum ich mein Leben dieser Arbeit gewidmet habe:

> *Als ich vor Jahren in meinem Friseursalon in Glasgow arbeitete, ging ich nach der Arbeit oft in eine spiritistische Kirche und gab eine Präsentation als*

Medium. Daher kam ich manchmal abends erst sehr spät nach Hause, und nach ein paar Jahren fragte ich mich, warum ich das eigentlich tat.

Eines Abends wollte ich mit Freunden ein Konzert in Glasgow besuchen. In einem der Football-Stadien trat Tina Turner auf. Wir hatten alle Tickets, aber dann erinnerte ich mich plötzlich, dass ich an diesem Abend in einer spiritistischen Kirche in Edinburgh auftreten sollte. Mir sank das Herz. Ich liebe zwar meine Arbeit als Medium, doch das sinkende Gefühl ließ mich überlegen, ob ich nicht einfach die Veranstaltung absagen und stattdessen ins Konzert gehen sollte. Als ich mich bei dieser Vorstellung noch schlechter fühlte, hinterfragte ich meine Motive für die Arbeit als Medium.

Es war einer dieser Tage, den wir alle von Zeit zu Zeit haben, und da geht es mir nicht anders als jedem anderen. Ich konnte mich kaum mit meinen Kunden unterhalten, während ich ihnen die Haare schnitt, da in meinem Kopf die Frage „Warum mache ich diese Arbeit als Medium eigentlich? Warum?“ herumschwirrte.

Der Tag war zu Ende und alle Mitarbeiter gingen nach Hause. Ich fegte gerade den Salon aus, als jemand den Kopf durch die halb geschlossene Tür steckte. Es war ein unbekannter Mann. Ich schätzte ihn auf Anfang vierzig. Er fragte, ob er eine Rasur bekommen könnte. Ich war so verwirrt, dass ich selbst überrascht war, als ich sagte: „Natürlich können Sie das!“ Ein Teil von mir wollte zwar „Nein“ sagen, doch ich hatte noch genügend Zeit, bevor ich nach Edinburgh aufbrechen musste, dass ich ihn zu dem Rasierstuhl führte.

Er lehnte sich in dem großen Ledersessel zurück.

Während ich sein Gesicht und den Hals einseifte, fragte ich mich wieder: „Warum ich?“

Als ich den Kopf hob und in den Spiegel sah, erstarrte ich. Eine Frau blickte mich aus dem Spiegel an.

Ich schaute noch einmal hin. Ich wusste, dass sie nicht in unserem Salon war, aber ich warf trotzdem einen Blick über die Schulter. Sie war nicht da. Doch als ich mich wieder umdrehte, sah ich sie immer noch im Spiegel. Sie war so groß wie ich, schlank und hatte kurzes blondes Haar, das sie sich sorgfältig hinter die Ohren gekämmt hatte. Sie trug ein kurzes schwarzes Kleid, in dem sie sehr schick aussah, wie ich fand.

Der Mann lag mit geschlossenen Augen nach hinten gelehnt; daher wusste ich, dass er die Frau nicht sehen konnte. Mittlerweile spürte ich die Gegenwart eines Geistwesens um mich herum; es war dasselbe Gefühl, das ich immer bekomme, kurz bevor ich eine Nachricht für jemand anderen empfange. „Oh nein", dachte ich, „wie zum Teufel kann ich einem Fremden verklickern, dass eine Verstorbene hier im Raum steht und ihm eine Botschaft aus dem Jenseits geben will?" Schließlich wollte er doch nur eine Rasur!

Natürlich ahnte der fremde Kunde nicht, dass ich ein Medium bin, und ich hatte keine Ahnung, wie er auf diese Information reagieren würde. Doch je länger ich die Frau ansah, umso stärker bekam ich das Gefühl, es ihm sagen zu müssen.

Dann hörte ich ihre Stimme in meinem Kopf sagen: „Sag ihm, dass ich hier bin. Ich bin Judy."

Irgendwie brachte ich den Mut auf, dem Mann zu erklären, dass ich ein Medium bin, und beschrieb ihm Judy. Er setzte sich abrupt kerzengerade auf und starrte mich an. Doch aus dem Augenwinkel schaute ich Judy an, die ihre Hand öffnete, während ich sie im Geiste fragte: „Warum bist du hier? Wie lautet deine Botschaft?"

„Danke für die Lutscher."

Das war der Satz, der zurückkam, und ich konnte drei kleine Lutscher auf ihrer Handfläche erkennen.

Ich würgte die Worte heraus. Der Mann sah mich entgeistert an.

Gleich darauf verschwand Judy, und ich blieb mit einem Kunden zurück, dem die Tränen kamen. Dann fing er an, erschüttert zu schluchzen.

Bald hatte er sich wieder genügend gefangen, um mir sagen zu können, dass Judy seine Frau war. Sie war ein halbes Jahr zuvor gestorben, und ich hatte sie haargenau beschrieben: Sie hatte immer solche Kleider getragen und die Haarsträhnen hinter die Ohren gekämmt. Aber mein größtes Interesse galt den Lutschern.

Wie der Mann mir erzählte, hatte sein siebenjähriger Sohn ihn gefragt, ob er seiner Mutter Lutscher statt Blumen ans Grab bringen könnte. Als er hörte, dass seine Frau sich bei ihm für die Lutscher bedankte, hatte ihm das Hoffnung gegeben, weil es bedeutete, dass sie ihn und ihren Sohn immer noch sehen konnte, und ihm zeigte, dass sie immer in seiner Nähe sein würde.

Am selben Tag hatte ich mich gefragt, warum ich diese Arbeit eigentlich mache – und ich hatte den Eindruck, als hätte die feinstoffliche Welt uns beiden mit dieser Botschaft geantwortet.

Ich zweifle nicht länger an der Wichtigkeit meiner Arbeit und frage mich auch nicht mehr, warum ich sie mache. Zu sehen, wie es Menschen wie diesen Mann aufmuntert, ihm Hoffnung gibt und ihn ermutigt, weiterzuleben, ist für mich Grund genug. Jedes Medium erhält seinen eigenen Beweis, der es weitermachen lässt, wenn es an seiner Gabe zweifelt, und ich hoffe, dass meine eigene Reise dich inspirieren wird, wenn du dich jemals verloren fühlst oder Zweifel hast.

Ich wünsche dir viel Erfolg mit dem Medium in dir, denn dadurch wird noch viel mehr Menschen geholfen werden, und noch viel mehr Menschen werden die Botschaft erhalten, die ich nicht oft genug wiederholen kann: „Man kann nicht sterben. Man kann nicht sterben, auch wenn man sein Leben dafür gibt.“

Schlusswort

Die mediale Reise ist nicht immer einfach, doch wenn du merkst, dass es in deiner Natur liegt, wirst du die Reise trotz aller Hürden auf dich nehmen. Ich hoffe, du bedenkst, dass es die Höhen und Tiefen sind, die diese Reise so besonders machen, und dass die Tests und Hürden, die vor dir liegen, ohne diese Prüfungen an Sinn und Bedeutung verlieren würden.

Viele Menschen haben eine mediale Gabe, die sie aus unterschiedlichen Gründen nicht nutzen. Doch wenn du den Drang verspürst, dich auf meinen Weg zu begeben, und deine Begabung entwickelst, um anderen zu helfen, dann beginnt für dich ein wundersames Abenteuer.

Vergiss nicht: Wenn du dich medial und sensitiv weiterentwickelst, wirst du dir deines eigenen Wesens bewusster und viel Neues wird sich dir eröffnen. Auch wenn dieses Buch ein Kurs für Anfänger ist, bietet es die Grundlage, die dir unabhängig von deinen Fortschritten immer bleibt. Die Anleitung enthält Schritte, zu denen du jederzeit zurückkehren kannst, falls du verwirrt wirst oder stecken bleibst.

Nimm dir immer die Zeit, das Gelernte zu verarbeiten, und scheue nie davor zurück, zu überprüfen, wie deine mediale Entwicklung sich auf deinen Alltag und deine Umwelt auswirkt. Die mediale Entwicklung sollte dein Leben immer bereichern und es dir leichter machen, das Leben und seinen wahren Sinn besser zu verstehen, doch das geschieht nicht über Nacht. Also sei bereit, Geduld zu üben, denn schon bald wirst du lernen, dass es noch viel mehr zu lernen gibt, gerade wenn du glaubst, etwas Besonderes erreicht zu haben.

Der mediale Entwicklungsprozess ist eine lebenslange Reise, und je früher du das begreifst, desto leichter wird er dir fallen. Vergiss dabei jedoch nicht, dich zurückzulehnen und die Reise zu genießen.

Gordon Smith Foto © Paul Gill

Der Autor

Gordon Smith, geb. 1962 in Glasgow, Schottland, gilt in Großbritannien als das derzeit fähigste und treffsicherste Medium in dem Maße, dass er genaue Angaben über Rufnamen, Wohnorte und sogar Straßennamen machen kann.

Von klein auf hatte Gordon die Fähigkeit, mit Wesen aus der geistigen Welt zu kommunizieren. Nach Jahren des medialen Studiums bei herausragenden spirituellen Lehrern arbeitet er seit über 30 Jahren medial. Er gibt öffentliche Demonstrationen seines Könnens, schreibt Bücher, organisiert Workshops und hat in seiner Arbeit rund um den Globus zahllose Menschen in ihrer geistigen Entwicklung inspiriert. Gordon Smith beeindruckt durch seine Natürlichkeit und Klarheit und plädiert für eine offene Zusammenarbeit von Wissenschaft und Spiritualität.

Notizen

Notizen

Notizen